感情のメッセージに気づくと、人間関係はうまくいく

感情コンサルタント®
神谷海帆
Miho Kamiya

三笠書房

はじめに

たくさんの本の中から、本書を手に取っていただきありがとうございます。

人間関係は、ときに人生をどん底に突き落とす苦しみのもとになることもあれば、幸せや豊かさをもたらす喜びのもとにもなります。

嫌いな人や苦手な人と一緒にいることは、苦痛以外のなにものでもありません。

しかし、好きな人や心地良い人と共に過ごす時間は、心満たされる特別なものになるでしょう。


人間関係の問題を、なぜ私たちは複雑だと感じるのでしょうか。その理由は、**同じ「関係性」であっても、その対処法がまったく異なる場合がある**からです。

上司を例に考えてみましょう。「あんなふうになりたい！と尊敬している上司」と「できれば関わりたくない！と嫌っている上司」がいるとしたら、同じ上司とはいえ対処法は真逆になります。「上司との関係」とひとまとめにはできないのです。

私が会社員だった頃、部下を持つ管理職の立場を任されたこともありました。「役職を与えられている以上、自分は完璧でなければならない」と思っていました。そして責任を果たすためには、ポジション・パワーを使って部下を動かすのは当然だと考えていました。

私の当時の部下は優秀だったので、私の間違いを「指摘」という形ではなく、「提案」という形で伝えてくれました。しかし未熟だった当時の私は、その提案を素直に受け取ることができず、反論や批判という形で部下に返してしまったのです。

自分自身の**心の状態の誤り**に気づいたのは、ある職場でパワハラを受けたことがきっかけでした。何をやっても、上司からは全否定。毎日毎日ひたすら否定され続けると、自分の意見や考えだけでなく、**「自分の存在そのものが間違っているのではないか」**とまで思うようになりました。すべてに対して自信を失い、小学生でもわかるようなことですら、自分で判断できなくなるまで追い込まれたのです。

ある日の出勤の途中、最寄り駅から会社まで歩いている間に涙が止まらなくなりました。「なぜ自分が泣いているのか?」――その理由すらわからない「うつ状態」

でした。「うつ状態」という表現にしているのは、当時の私は心療内科や精神科を受診する勇気すらなかったからです。その代わりに、インターネットでうつ病診断を何回もやりました。結果はどれも「受診をお勧めします」。しかし病院に足を運ぶことはできず、医師の診察・診断も受けることはありませんでした。

このうつ状態を契機に、私は**「自分とは何者か？」を真剣に考えはじめました。**

私は子どもの頃から、**相手に合わせる生き方**をしてきたことに気づきます。相手の言葉や態度を観察し、相手に好かれるために、ひたすら相手が望むことをしてきたのです。**相手の希望を叶えるということは、同時に自分の気持ちを無視すること**でもありました。

その後、私は自分と徹底的に向き合ったのです。すると「自分の気持ちを殺してきたという誤り」に気がつき、パワハラをしてきた上司やかつての部下との関係性において、自分の心の中で何が起きていたかがある日突然、腑《ふ》に落ちたのです。

人間関係のこじれから生まれたネガティブな感情が、私が自分に価値がないと思っていること、周りからどう思われるかを恐れていること、自分が傷つくことに対して鈍感になっていたことに気づかせてくれ、**自分とどう向き合えばいいかを教えてくれた**のです。

すると、私の人生は劇的に変わりました。会社勤めを辞めてライフワークで起業した私は、望みを短期間のうちに次々と叶えることができたのです。

私はなぜ、超速スピードで人生を大きく変えることができたのでしょうか？

それは感情の力を活用したからです。

自分の気持ちを殺してきたからこそ、感情の活かし方がわかる。

私が自分と徹底的に向き合っていたとき、**ネガティブな感情を読み解く**ということを無意識にしていました。これを意識化して、誰もができるようにコンテンツ化したのが**「感情リーディング®」**です。

人間、生きていればいろいろなことが起きます。目の前で起きている「まったく同じ出来事」に対して、感情が動く人と動かない人がいます。**感情が動いたということは、自分の内側に反応する何かが存在している**ということです。

感情は普段気づいていない「大切なメッセージ」を伝えてくれる、**貴重**な存在なのです。

私は、ネガティブな感情を無理せず自然にポジティブに変えていく「感情コンサルタント®」として、「感情リーディング®」の方法をお伝えするセッションを行っています。受講生のみなさんは、主婦や起業を目指している人、企業の管理職や経営者の方々まで、本当にいろいろな方が集まっています。

感情とうまく付き合うことは、あくまで「手段」や「プロセス」であって、目的ではありません。

「パートナーと愛にあふれる幸せな関係を築きたい」「ライフワークで独立したい」「部下のモチベーションを上げたい」「組織が結果を出せるようなマネジメントがしたい」「自分についてこない従業員との関係性を改善したい」――、受講生のみなさんの目的はさまざま、本当に多様です。

これらは一見、まったく別の悩みや目的のように見えます。

しかし、共通点があります。それは**「自分自身のあり方」**と**「人との関わり」**です。感情が持っているパワーはとても強いです。ネガティブな感情によって悩まされ、行動ができなくなっているときに、そのネガティブな感情をポジティブに自然に変えられると、望むものを手に入れるための**大きなエネルギー**になるのです。

感情をコントロールするのではなく、深掘りして読み解く。

すると、自分の隠れた**「才能」**や自分が本当に大切にしている**「本質」**、確かに存在している**「愛」**に気づくことができます。また、自分で自分を苦しめている**「制限的な考え方」**や、まだ癒されていない**「過去の痛み」**も知ることができます。

感情を読み解くことで、表面的な問題よりもさらに深い、**「根本的な課題」**が見つかります。その根本的な課題を把握して、解決することではじめて、自分の内面が豊かになって心も安定していきます。

「いや、そこまでしなくても……」と思った方もいらっしゃるかもしれません。

確かに、現実の人間関係には、苦手な人やできれば距離を置きたい人、別に仲良くしなくてもいい人もいるものです。心の距離を縮めたくない人とは、縮めなくていい。あくまでその場が適切に収まれば十分です。

人間関係は、「自分と相手との心の距離」によって取るべきコミュニケーション方法が変わります。嫌いな人には、効果的なテクニックを使えば対処できます。

しかし、**「心の距離を縮めたい」と思う大切な人と幸せな関係を築くには、テクニックだけでは限界があることも事実です。**感情を深掘りして読み解き、「自分の心（内面）で何が起きているのか」を知ることが不可欠なのです。

相手との間で、何が起きているのか？
自分の心の中で、何が起きているのか？

本書では、相手との心の距離をマトリックスで示し（29ページ参照）、**心の距離別の最適なコミュニケーション法**をお伝えします。

あなたが頭の中で思い浮かべた人との心の距離は、今、どのくらいでしょうか？

これから先、どんな心の距離になりたいでしょうか？

相手との心の距離は、自分で自由に決めることができます。

表面的で浅い関係性でいいと思う人がいる一方で、好きな人や大切な人との人間関係はより手をかけて大事にしたいと思うでしょう。

相手との距離が近くなればなるほど、感情は動きます。読み解いた深い感情を相手とシェアすることで、本当の幸せな人間関係につながります。

一見複雑な人間関係の問題も、心の距離がわかると、一気にシンプルになります。「距離を置きたい」「嫌われず、好かれずでいい」「もっと近づきたい」――あなたの気持ちを大切にして、**「ベストなコミュニケーション法」**を手に入れていただけたらと思います。

さあ、人間関係の悩みから解放される扉を開けましょう！
心が満たされ、より豊かさを感じられる人生を一緒にスタートしましょう！

神谷　海帆

もくじ

第1章

幸福のカギは、「感情と心の距離」にある

第2章

距離を置きたい、嫌な人への対処法

——「関わりたくないけど、そうもいかない」遠い距離

第3章

好かれなくていいけど、嫌われたくもない人への対処法

――「波風立てず、いい印象をキープしたい」穏やかな距離

第**4**章

仲良くなりたい、気に入られたい人への対処法

――「好かれたい、心地良い関係でいたい」良好な距離

第5章

心の距離を縮めたい、心を動かしたい人への対処法

──「関係を深めたい、発展させたい」縮めたい距離

第6章

本当の幸せで結ばれたい人への対処法

——「信頼と愛情で深くつながり、心理的安全性のある」幸せな距離

本文イラスト　山内庸資
本文ＤＴＰ　株式会社フォレスト

第1章

幸福のカギは、「感情と心の距離」にある

人間関係の悩みの解決は、相手との「心の距離」の把握から

「人間の悩みは、すべて対人関係の悩みである」

これはオーストリア生まれの心理学者（精神科医）、アルフレッド・アドラーが提唱したアドラー心理学で言われていることです。

また、一日の中で過ごす時間の大半を占める仕事について、離職する理由の第1位が人間関係という統計結果をご存知の方も多いかもしれません。

いかに人間関係に悩んでいる人が多いか、ということがわかりますね。

その悩みを解決するための方法や情報は、世の中に本やネットなどを通じてあふれるほど存在しています。それほどたくさんの解決策が提示されているにもかかわらず、相変わらず悩み続ける人が一向に減らないのはなぜでしょうか。

私は感情コンサルタント®（感情を読み解いて、本質や才能を見出し、人間関係の改善や人生を切り拓く専門家）として、これまでのべ３２００人の悩みを解決してきました。

私のクライアントさんとのセッションでは、ある人には「こうした方がいい」と言ったのに、別の人には「これはしない方がいい」と真逆のことを伝えることがあります。また、ある人には今すぐできる対処法を教えるのに、別の人にはじっくりと時間をかけて深く関わったりします。

どうして、こんな違いが生まれるのでしょうか？

それは場面や状況、クライアントさん自身の気持ちやクライアントさんの置かれている状況によって、解決策が変わるからです。

悩みを解決するために最も大切なことは、「今」、相手との関係がどのような状況で、「自分が一番どうしたいのか」という気持ちをしっかりとつかむことです。

2つの視点から「心の距離」をつかむ

人が悩んでいるとき、何が起きているのでしょうか。

多くの場合、「そうしなければならない」「そうであって欲しい」理想とは、異なってしまっている現実が目の前で起きています。

そのために、「こんなはずではなかった」「私がいけないんだ」……といった、**複数のネガティブな感情が絡み合って、混乱してしまう**のです。

ときには、自分ではコントロールできない「悩まなくてもいい問題」や「悩んでも仕方がない」問題もあるでしょう。それでも人が悩むのを止められないのは、冷静に考えればすぐにわかることなのですが、**感情が物事を複雑にしている**のです。

さらに、人が苦しむ理由のひとつに**「湧いてくる感情を否定する」**苦しみがあります。人として、親として、上司として……、頭では「こんなことを思ってはいけない」と考えるのですが、自分のブラックな本心の存在が**思考と気持ちの不一致**を生み出し、感情が揺さぶられて翻弄《ほんろう》されるのです。

こうした悩みを解決するポイントは、**「相手との関係の現実」を把握すること。**

　すると客観的な視点から、現実と自分の気持ちとのギャップを知り、「悩みの本質」に触れることができます。


「いろいろがんばっているのに、うまくいかない……」

そんなときは、自分の能力が低いせいだと誤解しがちです。

しかし実際は、そんなことはありません。ただ、あなたの気持ちと状況に合った、適切な対処法や解決法を知らないだけなのです。


「頭ではわかっているけど、行動できない……」

そんなときは、自分の正直な気持ちが、「悩みを解決するための、その方法では効果がない」、もしくは「一般的には正しい方法かもしれないけど、自分はやりたくない」と、あなたが感じ、考えているときなのです。


　人間関係を改善するのに必要なこと。

それは、**「心の距離」**を知ること。

この「心の距離」は、次の2つの視点で捉えてください。

視点①　相手との関係における「心の距離」

——相手との人間関係における、現状での「心の距離」＝現実

視点②　自分の希望としての「心の距離」

——相手に対して、自分が望んでいる「心の距離」＝理想

同じ「心の距離」でも、視点①と視点②の間の違いが大きければ大きいほど、つまり、現実と理想のギャップがあればあるほど、「心の距離」が「悩み」を生み出してしまうのです。

このように現状を把握すれば、対処法が見えてきます。

悩みを解決するために大切なことは、**あなたと相手との「心の距離」の現状を正しく知ること**が、大切なポイントであることを覚えてください。

心の奥深くにある恐れが、人間関係を歪めてしまう

「自分には価値がない」「自分のような人間が、人に好かれるわけがない」「自分には無理」……そんなふうに思っていると、どうしても気持ちがネガティブになりがちです。

本当は相手と「もう少し近づきたい」と思っていても、「どうせ私には無理だから……」と、人と関わることから離れたり、無意識のうちにもっともらしい理由をつけて、相手との人間関係作りを諦めてしまったりするのです。

期待したものの、叶わないと自分が傷つく。それなら最初から、期待しない方がいい。

本当は孤独を感じていても、恐れや面倒な気持ちが大きくて、それならば最初か

ら人と関わらなくていいと思ってしまう。寂しさや価値がないことを感じないようにする方が楽なのです。

人は誰しも、不安や恐れの感情を持っています。

ネガティブ感情の沼に沈んでいるときは、人間関係の悩みが自分にあることを認めたくないので、なるべく環境や相手など自分以外の何かのせいにしたい。

こうした心理は、何もダメな人間だけでなく、誰もが感じることです。

他人のせいにする心のメカニズム

心の奥深くにある恐れが、人間関係に対する諦めやうまくいかないもっともらしい理由を生み出します。

本当は寂しいのに、「ひとりの方が幸せだ」という理由を探したり、本当は自分が備えている才能や魅力を「なかったこと」にしてしまって、自分よりも他の人の方がふさわしいと考えて、他の人に譲ってしまったりするのです。

「本当は人とつながりたい」「本当は自分にも価値があると思いたい」のに、「傷つきたくない」という強い恐れが、自分を守るために**本心を歪めてしまう**のです。

さらには、本心を歪めたのは、自分の恐れや弱さからくることだと認めたくはないので、**自分以外の他人のせい**にしてしまう。

恐れや弱さのために、本心とは真逆のネガティブな目的を生み出し、恐れや弱さ以外のもっともらしい理由をいわばでっち上げて、相手や周囲の人たちに錯覚させてしまいます。

相手や周りの人が、「あなたが、そう言うなら仕方がない……」と納得してしまうような説得材料を作り上げてしまうのです。

「相手は上司（親）なので、簡単に距離を置けません」問題

人間関係の悩みの解決法としてよく聞くのが、「嫌な人とは距離を置く」というものです。
簡単に距離を置くことができれば苦労しませんが、現実にはうまくいきません。困っている人から、よく次のような質問をいただきます。

「相手と距離を置けないときは、どうしたらいいのでしょうか」

相手が職場の上司や部下、親や家族の場合はやっかいです。職場では「上司が嫌だから」といって、簡単に所属部署を変えることはできません。「上司ガチャ」という言葉がありますが、たまたま運悪く遭遇した現状を変えるために、嫌な上司の

せいで自分が転職するのも納得がいきません。

受け身で自分から動かない、「困った部下」をなんとかしようとマネジメントの手法を試しても、相手にまったく響かないので疲れ果ててしまう。いっそ「自分でやった方が早い」「部下を異動させた方が手っ取り早いかも」とまで、考えることもあるでしょう。

親や家族の場合は、もっと大変です。「じゃあ、たった今から縁を切りましょう」と、簡単にできるはずもないからです。

相手との心の距離は、自分が決めていい

そもそも自分があまり好きではない人、自分にとって重要ではない人のために、自分の大切な時間と労力を使いたくないというのが多くの人の本音でしょう。

逆に、自分が好きな人やパートナーとは、「心の距離をもっと縮めたい」と思うので、うまくいくノウハウを試行錯誤して、あれこれ手を尽くすと思います。

好きではない人のために、努力はしたくない。

好きな人とは、心でつながりたい。
すべての人と、深い関係にならなくていい。
自分がいいと思う人と、仲良くしたい。

つまり、相手との「心の距離」は、自分の気持ち次第で、自分で決めればいいというのが大原則なのです。

対処法でその場がなんとかしのげればよしという人もいれば、時間をかけて向き合いたい人もいる。小手先のノウハウでは通用しない人には、相手の懐《ふところ》に入り込むことが必要なときもある。

自分が決めた相手との「心の距離」によって、人間関係の解決方法には違いがあるということを、まずは知ってください。

人間関係の現在地がわかる！「心の距離別マトリックス」

人間関係の「現在地」が見えていると、ゴールがわかり、悩みの解決法もわかります。

人間関係の「現在地」は、相手との心の距離が遠いのか・近いのか、自分への影響が大きいのか・小さいのか、相手との関係性を今後どうしていきたいのかによって、変わってきます。

わかりやすいマトリックスの図にまとめてみました。

それぞれのコミュニケーションのコツは第2章以降で詳しくお伝えしていきます。

遠い距離——**距離を置きたい**

ここに該当するのは、どちらかというと距離を置きたい人です。ちょっと嫌いな人、苦手な人です。具体的には、いつも人の悪口ばかり言っている会社の同僚、話をしていると疲れるママ友や場の雰囲気を悪くする人などです。

この相手に対しては、あなたの時間と労力はかけたくないので、「かわす方法」を知った方が得策です。

穏やかな距離——波風を立てたくない

ここに該当するのは、**自分から近づきたくはないけれど、嫌われるのも困る……という人**です。

例えば、職場の苦手な上司や先輩とは、ものすごく気に入られたり、仲良くなったりするところまでいかなくてもいいでしょう。

かといって、仕事だから距離を置いて関わらないというわけにもいかず、自分の印象が悪くなると評価や業務に支障をきたす。

波風が立たない、穏やかな距離を保ちたいので、心理学のコツなどを駆使して、無難な方法で乗り切りたいところです。

■心の距離別マトリックス

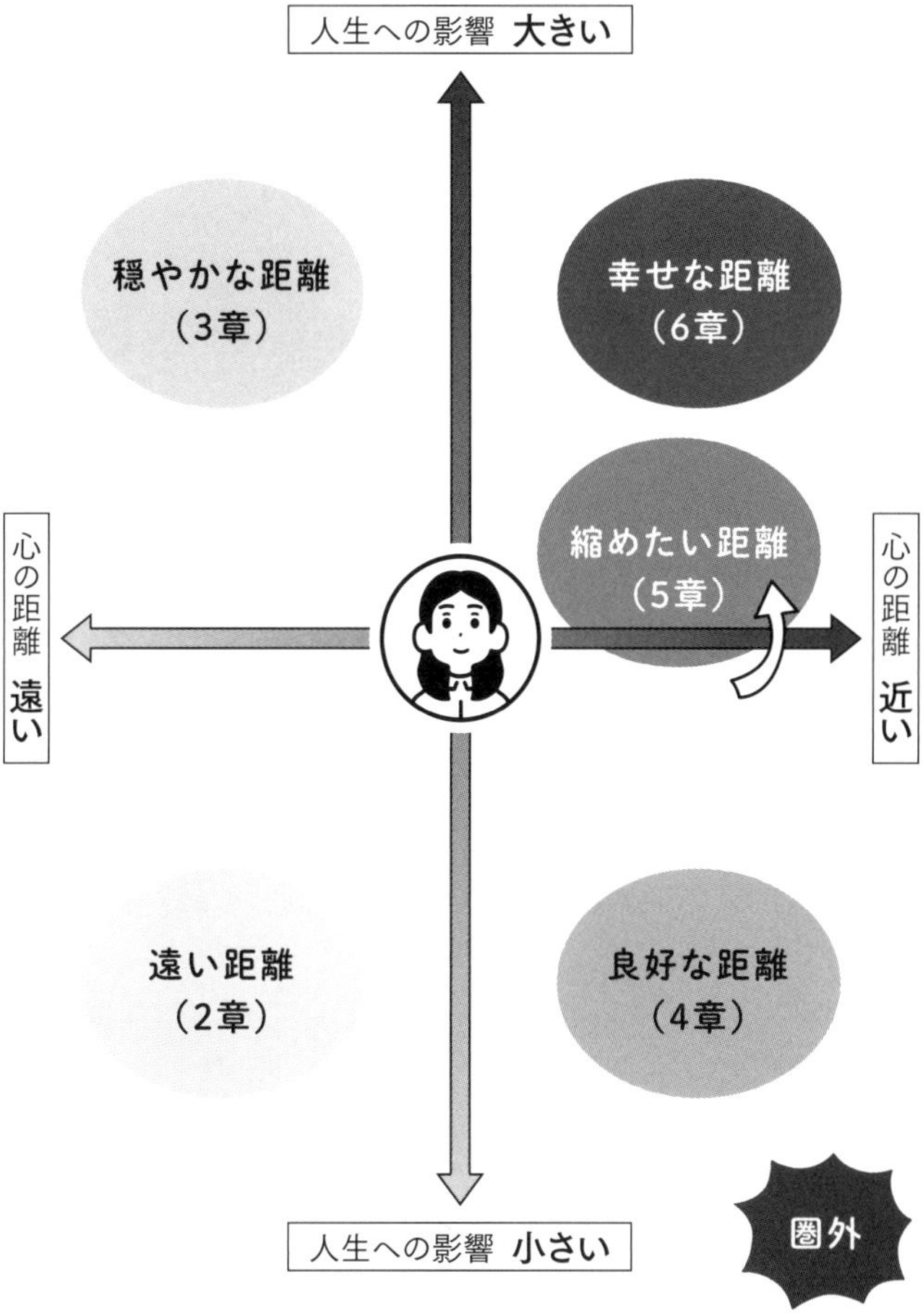

良好な距離 ——心地良い関係を築きたい

ここに該当するのは、良い関係でいたい、できれば（相手から）気に入られたい、好かれたい人です。

例えば、気の合う友達や、本音で話ができる会社の同期、自分が尊敬し、ロールモデルとしている先輩や上司です。自分が好意を持っていて、良い関係を築きたいと思う人です。

コミュニケーションを工夫して、自分が心地良いと感じる関係性を築きましょう。

縮めたい距離 ——相手との心の距離を縮めたい

ここに該当するのは、深くつながる一歩手前の人や、距離を縮めたい人です。

例えば、好意を持っていて、関係性をより深めたい、発展させたいと思っている異性の相手や、友達の中でも心を許せる親友と呼べる間柄の人です。

または、部下やプロジェクトのメンバー、ビジネスパートナー、チームのメンバーなど、結果や目的の達成のために、相手を動かしたい場合です。人は理屈では動きません。心が動いたときに行動するものです。つまり、相手との心の距離を動かしたい場合です。

幸せな距離——幸せの本質、人と深くつながる感情コミュニケーション

パートナーや親友、人間関係において成熟した組織でのコミュニケーションです。

わかりやすい具体例としては、円満な夫婦や信頼と愛情で結ばれた恋人といえるでしょう。

大きな大会で優勝するなど高い実績を残しているスポーツチーム、生産性が高くて利益を生み出し続けて成長する企業では、このような関係が生まれています。

前述の「縮めたい距離」と少し似ていますが、相手やチーム、組織の中で心理的安全性が確保されているので、相手と安心して議論し、反論しても許される状況になっています。

相手や周りのことを考えながら、自分を犠牲にすることなく、お互いの幸せと目的を達成することができます。達成感や喜びを感じることができる関係です。

混乱や反発を乗り越えて互いに成長し合い、真の幸せが得られる関係性です。

モラハラ、パワハラ……今すぐ離れた方がいい人たち

さて、ここまで5つの関係についてお伝えしてきましたが、このどれにも当てはまらない関係があります。それが「圏外《けんがい》」です。

そもそも、**関係を持ちたくない、持たなくてもいい関係性です。**

この場合、関係を絶ったとしてもさほど影響がなく、悩むこともないと思いますので、あらためて取り上げることはしませんが、すぐに離れた方がいい＝あえて「圏外」にした方がいい人もいます。

モラハラやDV、パワハラなど、自分を傷つける人とは距離を置きましょう。

また、**一緒にいると気分が落ちる、疲れるというような、自分のエネルギーが下がる人からも、できれば離れた方がいいでしょう。**

人の悪口ばかり言う人や、常にグチを言っている人と関わっていると運を下げる

ことになりますので要注意です。

ひと言でいうと、**自分にとってマイナスになる人とは一緒にいない方がいいです。**

つまり、強制的に圏外にすることが必要なときもあるのです。

「人間関係の圏外にしましょう」とお伝えすると、**「縁を切った方がいいですか？」**という質問をよくいただきます。

こちらから「あなたとは、もう関わりません」と宣言する必要はありません。

自分を傷つける人の場合は文字どおり環境を変えた方がいいのですが、なるべく距離を置いた方がいい人は、いそがしいなど何かと理由をつけて、お誘いを断ってみる。ＬＩＮＥやＳＮＳの返信を、わざと遅らせるのもいいでしょう。

「出したものは返ってくる」という言葉があります。こちらから無視をしたり、相手を傷つけたり、相手を嫌な気持ちにさせたりする方法で縁を切ると、それは自分に返ってきますので、お勧めしません。

できる限り、**相手が自然に離れていくような方法**を取りましょう。

自分の感情を大切にして、心地良い心の距離感を保つ

ハーバード大学の「幸せ研究（ウェルビーイング）」の第一人者、タル・ベン・シャハー教授は、幸福とは全体性（ホールビーイング）であるとし、幸せへのアプローチとして5つの要素「SPIRE」を提唱しています。

① Spiritual Well-being（精神的なウェルビーイング）
② Physical Well-being（身体的なウェルビーイング）
③ Intellectual Well-being（知性的なウェルビーイング）
④ Relational Well-being（人間関係におけるウェルビーイング）
⑤ Emotional Well-being（感情的ウェルビーイング）

幸福の5つの要素のうちに、「人間関係」と「感情」が入っていることにお気づきかと思います。

また、同じくハーバード大学が進めている成人発達研究の調査として精神医学者のヴェイラントらが1938年以来80年以上、「幸福度と要因」について研究しています。その研究結果の結論は次のとおりです。

「私たちの幸福と健康を高めてくれるのは、いい人間関係である」

「幸福と健康」の決め手は、誰もが思い浮かべるような年収や家柄、学歴、職業、住まいの環境、老後資金……などではなく、人間関係だったのです。

しかも、友人の人数は関係ありません。**たったひとりでも心から信頼できる人がいるかどうか**か、が重要だということがわかりました。

感情コンサルタント®として活躍している私は、クライアントさんのネガティブ感情を感謝に変えることが大好きです。

仕事柄、クライアントのみなさんに「感情」について説明するときは、**感情は手段であり、ツール（道具）**だとお伝えしています。

多くの方々には「ビジネスで成功したい」「パートナーと幸せな関係を築きたい」「お金持ちになりたい」……といった、叶えたい希望や目標があります。

しかし、そうはいかない現実に対してネガティブな感情が働いてしまい、「マイナス感情をなんとかしたい」と思っています。

自分はどうしたい？　相手をどうしたい？

人間の悩みのほとんどが人間関係。

しかも幸福のための5つの要素のうち、2つが感情と人間関係。

幸福の決め手となるカギとして、いかに感情と人間関係の占める割合が大きいかおわかりになるかと思います。

「人は頭ではなく、感情で動く」と言われるように、感情はとてもパワフルです。

小手先のコミュニケーション術や、相手を刺激しない言い換え術を学んで頭でわかったつもりでも、気持ち（感情）がともなっていない限り、相手は行動に移さないものです。

自分がどんな気持ちでいて、相手とどんな関係を築きたいのか。

人間関係でネガティブな感情が出てきたときに、それをなんとか解決して、心から信頼できる関係でいたいと思うのか、それとも、この相手は別にどうでもいいから時間と労力をかけたくない、と思うのか。

自分の感情を大切にすること。

そして、自分が心地良いと思う心の距離感を保つこと。

それが「幸せな人間関係」を築き、「幸福の全体性」を実現していくのです。

ここまで、「心の距離別マトリックス」と人間の幸せの概要について、説明させていただきました。

次の章からは、状況別のコミュニケーション方法についてお伝えしていきます。

「あの人はここの距離だな」と、あなたの周囲の人を具体的にイメージしていただければ、楽しみながら読み進めていただけると思います。

あなたが人間関係の悩みから解放され、気持ちが楽になる。

そして、あなたが望む人と深くつながることで、「本当の幸せ」を手に入れていただけたらと願っています。

第2章

距離を置きたい、嫌な人への対処法

「関わりたくないけど、そうもいかない」遠い距離

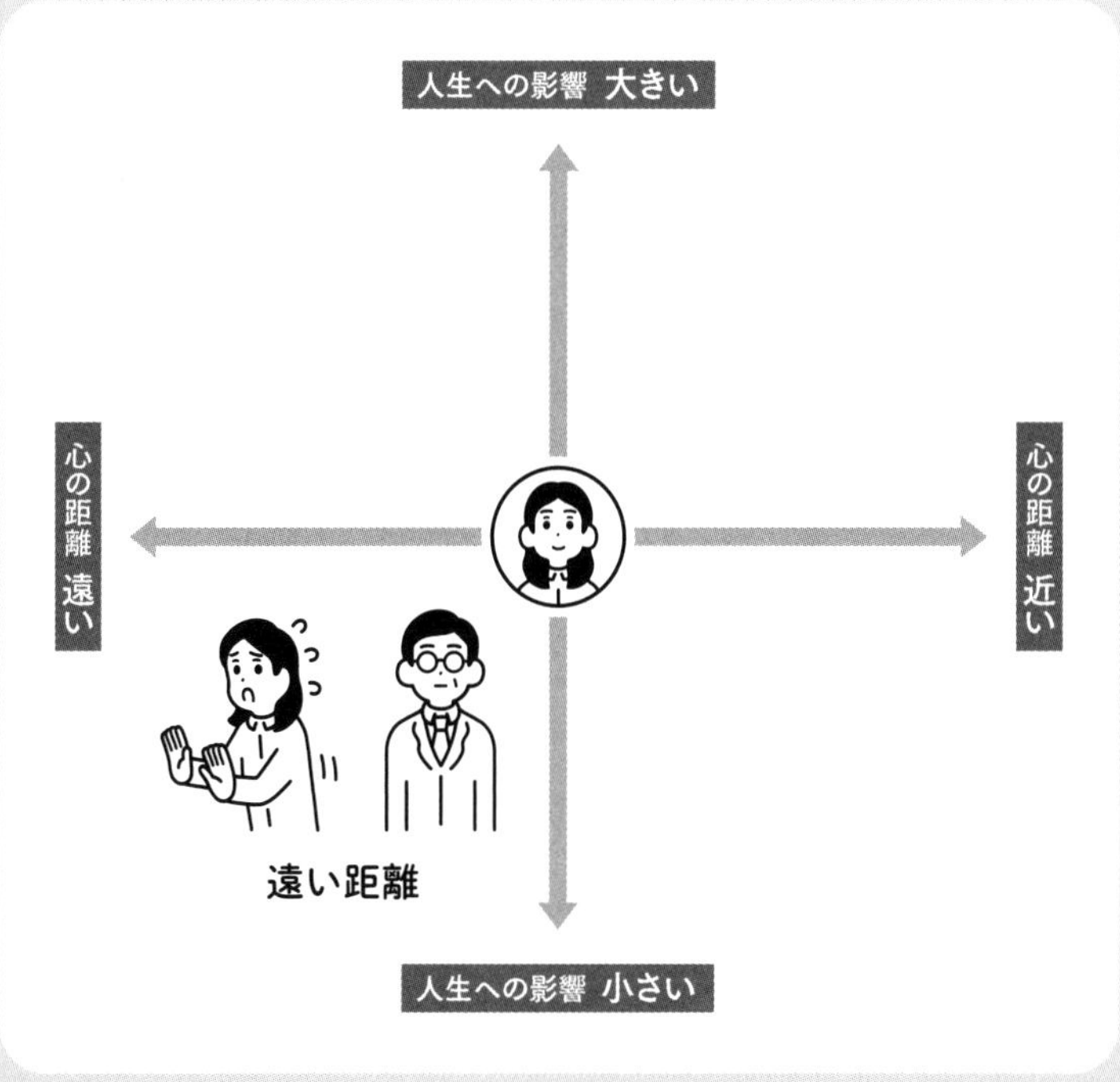

「切りたくても切れない人」には、タイパ重視で対応しよう

いつも悪口を言っている人や話をしていると疲れる人など、嫌な人との人間関係は頭が痛い問題ですね。どうにかしたいと、本やネットの情報を調べてみると……。

「自分にとって害のある人とは付き合わなくていいです。距離を置きましょう。嫌なことは嫌と伝えて、関係が崩れるのであれば、そんな関係はなくてもいい。無理をしても本当に幸せにはなれません」

こんな対処法がよく書かれています。

「なるほど！　もうこの人とは付き合わないようにしよう！」とアッサリ実行できれば簡単で、苦労はしません。

しかし親や職場の同僚や上司、子どもの人間関係にも影響が大きいママ友など、**切りたくても簡単に切れない人がいるからこそ、人は悩む**のです。

関係を切れないからこそ、なんとかしようとします。しかし本心では嫌いな人なので、自分がめちゃくちゃ努力をするのも、「なんで自分がこんな人のために、こんなにがんばらないといけないの？」と疑問と疲労感でいっぱいになってしまいます。自分の大切な時間を使うことに対しての、怒りや悔しい気持ちも湧いてきます。

無駄な動きはやめ、タイムパフォーマンスを意識

嫌いな人に対する一番やっかいな問題は、「距離を置きたい」という本心での心の距離（＝理想）と「距離を置けない」という実際の距離（＝現実）に、大きなギャップがあることです。

現状をなんとかしたいと思いつつ、本心では相手と距離を置きたいので、「あなたのために、なぜ自分が動かないといけないの？」という本音が残り続けます。

本当は努力したくないけど、現状は変えたい。

そこで、嫌いな人への効果的な対処法は、いわば**タイムパフォーマンスを重視して、必要最低限の行動で結果を出す**ことです。

本当は動きたくないのですから、無駄な動きはやめたいですね。

「動くだけの根拠や理由があれば、仕方がないから動いてやってもいいよ」というのが本音です。

だからこそ、即効性のある具体的なテクニックを使ったり、相手のためではなく、自分のために動くのが、嫌いな人との賢い付き合い方なのです。

嫌な人には反撃せずに、「自己効力感を上げるチャンス」に変える

自分に害を加えてくる人には、「そういうあなただって！」と反撃したくなりますし、自分が受けた被害は人に話したくもなりますね。ただ、これを人に話してしまうと、悪口と受け取られる場合もあるからやっかいです。

悪口は印象を悪くし、信用をなくすので、自分を下げてしまう行為でもあります。

嫌いな人のために、自分を下げる必要はありません。

とはいえ、やられっぱなしも悔しいですね。

相手のために行動するのもバカらしいので、逆に**自分を高めるチャンス**に変えましょう！　具体的には**「自己効力感を上げるチャンス」**にするのです。

ここで「自己効力感」について説明します。「自己肯定感」と似ていますが、違う概念です。

「自己効力感」は、カナダの心理学者アルバート・バンデューラによって提唱されました。**「自分が必要な行動を取って、結果を出せる」と考えられる力**のことです。

簡単にいうと「自分には能力がある」と思えるなら、自己効力感が高い状態です。

これに対して、「自己肯定感」とは、自己を尊重し、自身の価値を感じることができる、「ありのままの自分」でいいと思える力のことです。

さて、この自己効力感は次の3つのタイプに分類することができます。

自己統制的自己効力感……困難を乗り越えるときや、新たなチャレンジをするときに**「自分ならできる」**と思える感覚のことです。

社会的自己効力感……対人関係における自己効力感です。気難しい人や初対面の人を目の前にしたときに**「この人とうまくやれそう」**と思える感覚です。

学業的自己効力感……学習に関する自己効力感です。

「自分なら理解できそう」という感覚です。

自分のステージが上がると、現実も変わる

悪口や反撃で嫌な人のために自分を下げるのではなく、社会的自己効力感を高めるチャンスに変えましょう。相手のために動くのではなく、**自分の器《うつわ》を広げるために動く**のです。

具体的には、次の2つのステップを踏みます。

ステップ① 嫌な人を許す
ステップ② 嫌な人を理解する

ステップ①の嫌な人を「許す」ですが、何も難しく考える必要はありません。**「相手のレベルが低いからしょうがない」と思っておけばいいのです。**

そう思えるようになったら、次のステップ②「理解する」に進みます。こちらも、難しく考える必要はありません。**相手が嫌な態度を取る背景や、理由を想像してみ**

ましょう（あくまでもあなたの勝手な想像でＯＫです。正しい、間違っているは関係ありませんし、もちろん相手に確かめる必要もありません）。

勝手な想像でいいので、「この状況ならそんな態度になるよね」「そんなことも言いたくなるよね」と理解してあげられれば、人としての器が広がります。

そして、許すことと理解することができたら、**「こんな嫌な人を理解できる自分って、すごい！」「器が広い証拠だ！」「ステージが上がった！」**とポジティブに考えてしまいましょう。

嫌な相手のことを考えると、嫌な気持ちになります。

嫌な人のための時間をマイナスにせず、プラスに変えるのです。**何に時間を使い、何にフォーカスするかは、あなたが決めることができるのですから。**

簡単に関係を切れない嫌な人の存在を、自分の自己効力感を高め、心の器を広げ、自分を高めるチャンスに変えましょう。**自分が「ひとつ上のステージ」へ行くことができれば、相手との波動が合わなくなり、自然と現実も変わってきます。**嫌な人に対して、「自分を高めてくれてありがとう」と、感謝できたら素晴らしいですね。

直接反撃せずに優位に立つ、「心の中のマウンティング返し」

マウンティングをしてくる人や高圧的な態度を取る人、人をコントロールしようとする人はやっかいで、とても嫌な気持ちになりますね。

このタイプの人を目の前にすると、蛇に睨《にら》まれた蛙のようになってしまい、頭が真っ白になったり、萎縮《いしゅく》したりして、いつもの力が発揮できなくなります。

いざ反撃しようとしても、自分が小さくなって固まってしまうので、反撃することができません。

コミュニケーションについて書かれた本を読んで対処法を学んでも、相手が怖くて具体的な行動が取れず、辛い状況からなかなか抜け出すことができません。反撃できないことをいいことに相手も攻撃を続けるので、辛い状況が変わらないのです。

これでは相手に直接、反撃するのは難しいでしょう。そこでどうするか。

このやっかいな状況では、**直接ではなく、心の中でマウンティング返しをして、自分の視座を高めるチャンスに変える**のがお勧めです。

マウンティングをする人や、高圧的な人、ハラスメントをする人には共通点があります。それは、**その人の心の奥底に恐れがある**ことです。

実はとても弱いからこそ、**弱みを隠すために、自分を強く見せている**のです。

相手より上の立場を取り、相手を抑えつけることによって、自分の立場を必死に守っているのです。**そうしないと自分を保てないほど、弱い**のです。

そこで、相手が何で抑えつけているのか観察してみましょう。

ブランドものや持ち物でマウンティングをしてくる人は、人の価値を身に着けるもので判断している人です。パワハラをしてくる人は、ポジションで人の優劣をつけている人です。

この相手のこだわりこそ、実は相手のコンプレックスなのです。
つまり、「マウンティングとは、恐れや弱さの暴露《ばくろ》」であるのです。

相手の弱みを把握するチャンス

これがわかれば、相手から嫌な態度を取られたときに、心の中で「ふふん。それがあなたの弱みね」「あらあら、また恐れを暴露しちゃって」と思っておけばいいわけです。これだけでも、随分気持ちが楽になります。

直接反撃しなくてもいいので、心の中でマウンティング返しをしましょう。言葉や態度に出さなければ、自分が何を思おうと自由です。誰にも迷惑をかけず、人間関係を悪化させることもありません。

さらに一歩先に進もうと思うのなら、相手を観察し、相手の弱みや恐れを把握してみましょう。マウンティングや高圧的な態度、コントロールやハラスメントの背景には、**自分の居場所を求め、認めて欲しい存在欲求や承認欲求があるのです。**

相手を観察することは、自分の視座を高めることにもつながります。

相手が何を恐れているかがわかれば、相手への見方が変わります。

言葉をかえると、**相手が最も望んでいるもの（弱み）を把握したことになります。**

相手の弱みを握り、心の中で相手より優位に立つことができれば、気持ちに余裕が生まれてくるのです。

自分に余裕ができれば、相手の望むものを与えて「あげる」ことができます。

例えば、存在欲求や承認欲求丸出しの「クレクレさん」には服や持ち物など、身に着けているものをほめる。会社での高い役職や仕事の結果やプロセスなど、その人の動きをほめることで、相手のコンプレックスを埋める、承認欲求を満たすことができます。

このときに効く声かけは「**さすがですね！**」です。

心の中では上から目線で、「しょうがないな、ほめてやるか」くらいの気持ちでいれば、笑顔も出てきます。実際はにっこり笑って、相手をほめてあげましょう。

マウンティング返しは、相手と関わりたくないときは心の中ですればいいのです。

視座が上がって、心の余裕が出てきたときには、実際に相手へ働きかけたり話しかけたりして、態度に出してみるのもひとつの方法です。

言葉や態度に出すかどうかは、自分で決めて大丈夫です。

このマウンティング返しのプロセスでは、自分の中の「ちょっと嫌な部分」が出てくるかもしれません。

しかし、**「人間なんだから、ときにはそんな自分があってもいいかな」**と、**「ブラックな自分」も許してあげましょう。**

きっと気持ちが楽になると思います。

悪口を言う人の本音をつかむ、「たったひと言の質問」

人の悪口を言う人や誰かを批判する人とは、距離を置きたいところです。

しかし、例えばランチや職場でのちょっとした会話をしているときに、意図せずネガティブな話題になるケースもあるでしょう。

ここで下手に相手に同意すると、後々「○○さんも同じ意見（気持ち）って言ってたよ」と勝手に判断されたり、会社やグループで派閥のようなものがあると、「私たちに共感した」と見なされてグルーピングされたりするのでやっかいです。

下手に巻き込まれたくないときは、「だんまり」を決め込みたいところですね。

しかし黙っていると逆に目立ってしまい、「○○さんはどう思う？」と会話を振られたら答えないわけにもいかなくなります。

こんなときにお勧めなのが、**共感のテクニック**です。

共感のテクニックでカウンセラーもよく使うのは、**「オウム返し」**です。

誰かが言った言葉を、そのままオウム返しで伝えるものです。

「○○さんはこういう考えなのですね」と伝えれば、自分の意見を言わなくても、会話に参加しているように感じます。

このテクニックはご存知の方も多いかもしれませんが、これだけだと、その後も会話を続けていくことは困難です。

ひと言の質問から相手への理解が深まる

そこで、**オウム返しに「質問」をプラスする**といいのです。

「それ、どういうことですか？」と詳しく聞くことで、会話を広げられます。

また、相手が言った言葉を題材に、その人の考え方や価値観を一歩踏み込んで聞くこともできます。

例えば、「あいつは責任感がないな」と言っている人に対して、「そうですよね。全然、責任感がないですよね」と言うと、あなたが自分の考えにより判断し、共感していることになります。

しかし、「○○さんにとって、責任感ってどういう意味ですか？」と聞いてみると展開がまるで変わってきます。

「責任感」といっても、人によってその意味合いには違いがあります。

「最後までやり遂げる」という意味で使っている人もいれば、「結果を出す」という意味で使っている人もいます。

このたった**ひと言の質問を追加するだけで、相手の考え方や価値観への理解がぐっと深まる**のがおわかりいただけるでしょうか。

「批判する」という心理の背景には、理想があります。その理想どおりではない現実が目の前にあるからこそ、怒りや諦めの気持ちが生まれ、現実を解決できないからこそ「批判」となって現れるのです。

批判の裏には、「理想」があります。

良い意味でのこだわりがあり、大切にしているものがあるということです。

批判や悪口にうやむやのうちに同意して、後々やっかいなことに巻き込まれるのは避けましょう。

それよりも、批判や悪口を、相手を深く理解できるチャンスに変えるのです。

相手がグチをこぼしたり、批判したりする真の理由がわかれば、相手の本音をつかむことができます。

相手の「深い望み」をつかむことで、あなたはきっと、ネガティブな状況を改善する最適な方法を見つけることができるはずです。

相手から自然に離れてくれる、「開かれた質問の続け方」

コミュニケーションのテクニックでは、「こうするといい」という方法がたくさん存在しますが、これを逆手に取ることもできます。

距離を置きたい相手の中には、なかなか距離を置けない人と、**本当は離れてもいいのだけれど、友達やグループ、職場の同僚など、自分から離れるわけにはいかない人**がいると思います。

自分から離れるわけにはいかない人については、「できれば『相手から』『自然に』離れてくれればいいのに……」、というのが本音ではないでしょうか。

とは言え、自分が相手を嫌っているという気持ちは隠したい。

できれば、「自分は相手に興味を持っているのだけれど、**あなたが離れてしまったのなら、それは仕方がないですよね……**」という状況に持っていければベストです。

そうした状況を実現するのに、質問テクニックを活用しましょう。

コミュニケーションの技法としてよく言われることなので、ご存知の方もいらっしゃるかもしれません。

質問には2種類あって、それは**「開かれた質問」と「閉ざされた質問」**です。

閉ざされた質問とは、「はい」「いいえ」で答えられるものです。

「これ好きですか?」という質問に対して、相手は「はい」もしくは「嫌いです」と答えます。この閉ざされた質問では、会話があまり長続きしないのがわかります。

これに対して、開かれた質問とは「はい」「いいえ」で答えられない質問です。

いわゆる「5W1H」で聞く質問というと、イメージしやすいでしょう。

「どんな食べ物が好きですか?」という質問には、「甘い物とかスイーツが好きです」と答えます。開かれた質問では、「はい」「いいえ」では答えられません。

相手は自分の好みや考えを話すことになります。

「へー。甘い物とかスイーツがお好きなのですね。何かお勧めはありますか?」と、相手の答えに対して一度共感しておいて、さらに開かれた質問を重ねることで会話を広げたり、続けたりすることができます。

ひたすら「開かれた質問」を続けると……

この「開かれた質問」を本来の働きとは逆に使います。

すると、相手が自然に離れていきます。

その方法とは、「開かれた質問」に対する答えに相槌《あいづち》を打たず、共感もせず、次次とひたすら「開かれた質問」を続けることです。

「今回の結果を、自分ではどう考えているの?」

↓ 思うような結果が出せず、力不足だと思います。

「その原因は何だと思う?」

↓ 事前のリサーチが足りませんでした。

「次から、どうすればいいと思う？」

↓　しっかりと準備をしたいと思います。

「しっかり準備するというのは、今回とどんな違いがあって、具体的にどんな対策を取る？」

↓　…………

このように、答えに対してまったく共感されることなく、次々と質問を重ねられると、なんだか尋問されているように感じ、答える気持ちがだんだん薄れてくるものです。

また、相手の気持ちをまったく考えることなく、**個人的な興味関心だけで脈絡なく質問を続けられると、「この人は私の何を知りたいのだろう？」「そこまで答える必要あるのかな？」と相手は思ってしまい、これ以上話をしたくなくなります。**

例えば、仕事の問題解決をまったく考えることなく「最近プライベートがうまくいっていないから、仕事に影響が出てるんじゃない？」「彼女（もしくは彼氏、旦那さん、奥さんなど）と何かあった？」「いつも締め切りギリギリで仕事をしていて、余裕がないからじゃない？」「前からずっとこうなの？　性格？」といった具合です。

質問は相手の気持ちを引き出すツールではありますが、使い方によっては、このように相手の話す気持ちを奪うものにもなります。

相手が「もっと話したい」という気持ちになるためには、話した内容を相手が理解してくれる、共感してくれる、受け止めてくれると感じられることが必要です。距離を置きたい人には、この質問のブラック・テクニックを活用してください。

余談ですが、このブラック・テクニックを使って相手を質問攻めにするプロセスの中で、もしあなたが本当に興味を持てるものがあったら、そこに共感をしてみてください。

最初は距離を置くことが目的だったとしても、ちょっとしたきっかけで、関係性を良くするヒントが見つかるかもしれません。

ほめて欲しい人の承認欲求を満たす「へそわかすの法則」

人からほめて欲しい気持ちが全開の、「クレクレさん」への対処もやっかいです。承認欲求が満たされるまで、認めて欲しい行動やオーラを出し続けるため、最初は優しく対応していたとしても、続けているとだんだんこちらが疲れてしまいます。

人間は誰でも、承認欲求を持っています。満たされたい気持ちを埋めてあげたくても、どうしたらいいのかわからないという方も多いのではないでしょうか？渇いた心を満たすポイントは、「**へそわかすの法則**」です。

へ――「**へー**」などの感嘆詞を使い、

そ――「**そ**れで、それで？」ともっと詳しく話をしてもらいましょう。

わ――さらに、「**わー**」などの感嘆詞を再び使い、

か――「(そのときどう)**か**ん（感）じた？（どんな）感覚？」

と相手の感情を引き出しましょう。そして、

す――「**す**ごい！　詳しく教えてください」とほめながら、もっと質問してみるのです。

途中に感嘆詞を入れると、相手はほめられているように感じます。

共感することで、相手の感情を引き出しましょう。

相手は自分が理解されて、認められたという気持ちになります。

さらに質問をすることで、相手は気持ち良く話ができるのです。

認めて欲しい気持ちが強い人への対応は、なんだか面倒に感じるかもしれません。

しかしその人が他者から受容され、共感され、心が満たされると、その人の気持ちが変化していくことがわかるでしょう。

「急がば回れ」という言葉があるように、一見面倒に思える関わりでも、実は短時間で相手の感情を変えることができる場合もあるのです。

距離を置きたい嫌な人と仕方なくしている会話でも、相手の承認欲求が満たされて、結果的に人間関係が良くなるのなら素晴らしいことです！

もし関係が良くならなかった場合でも、この「へそわかすの法則」は、自分自身を満たす方法としても有効です。

自分を大事にして自己肯定感を上げたいときに、ぜひ活用してみてください。

第3章

好かれなくていいけど、嫌われたくもない人への対処法

「波風立てず、いい印象をキープしたい」穏やかな距離

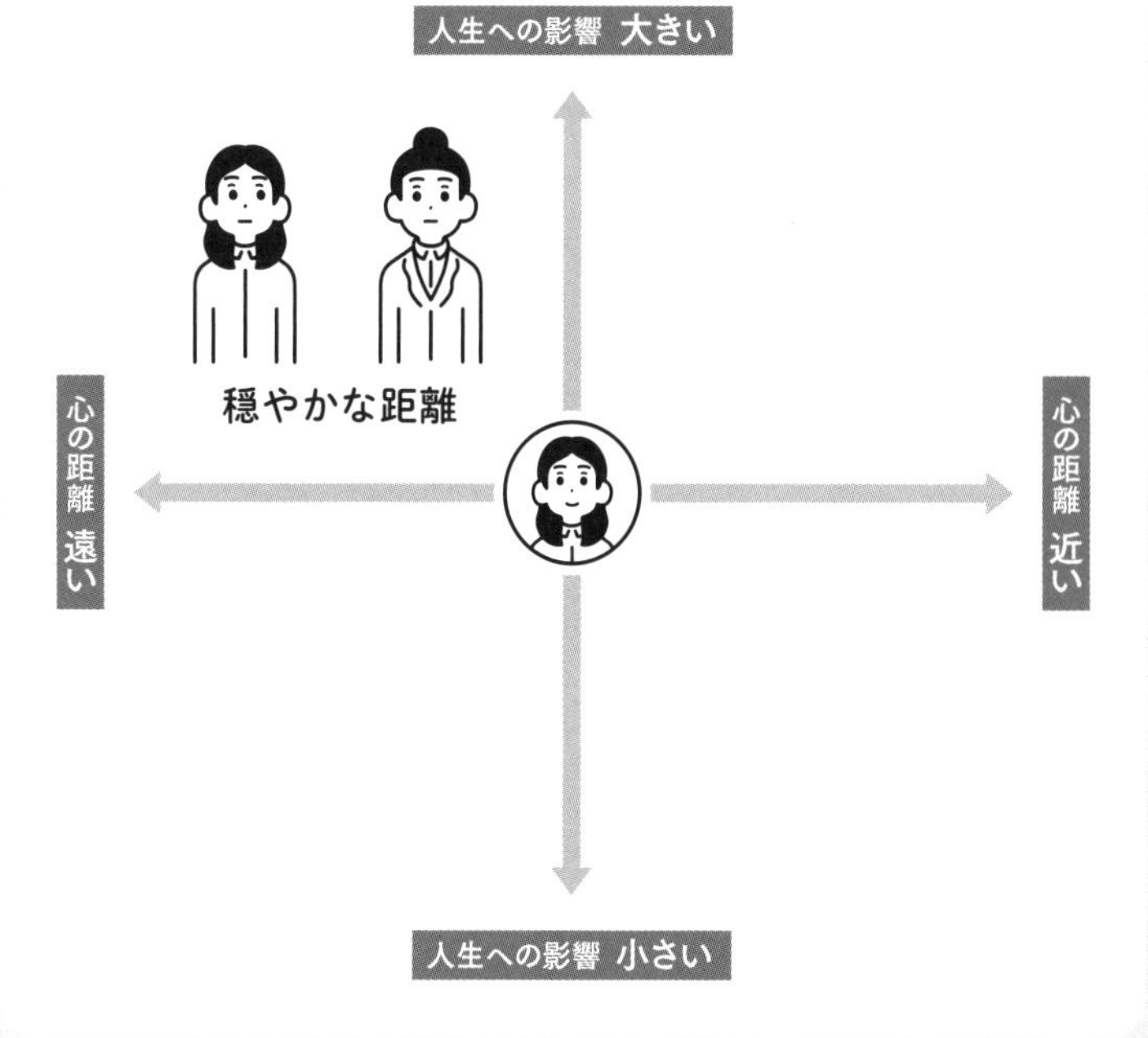

心穏やかでいられる距離感を保つために、大切なこと

第2章では、明らかに「嫌いな人」に対する対処法について説明しました。

この第3章では、「**特に好きというわけじゃないけど、嫌われるのも困る**」という距離感の人とうまく付き合う方法を解説していきましょう。

具体的には、次のような人たちです。

◎嫌いじゃないけど好きというわけでもなく、人事評価が下げられると自分が困るので、嫌われたくはない上司。

◎仲良くなくていいけど、仕事を進めるための距離感は保ちたい他部署の人。

◎嫌いじゃないけど、ものすごく好かれたいほどでもない姑《しゅうとめ》さん。

◎嫌いじゃないけど、距離を縮めすぎると重たいので適度な距離感にしたい友達。

自分から、相手にあれこれ気配りして好かれようとするまでもない。でも嫌われ

るのは避けたいので、こういう人に対してはできれば波風を立てずに、いい印象をキープできたら最善ですね。

心が穏やかでいられる距離感を保ちたい場合は、**相手から見て自分の印象が良くなるコミュニケーション**を取りたいところです。

その際ほんのちょっとしたことを意識するだけで、会話の雰囲気が変わります。

相手の心の動きに気を配り、**共感する**ことで信頼関係が高まります。

「共感」の重要性は、人間関係やコミュニケーションの改善、リーダーシップを磨く場面でよく言われるようになりました。

しかし、その共感のテクニックがいちいち頭で考えないといけない難しいものだと、実践では役に立ちません。

相手の心に寄り添うことができればいいのですが、寄り添い方が今ひとつわからないという方もいらっしゃるかと思います。

大事なのは相手を観察することなので、そのポイントをお伝えしましょう。

話の内容より、相手の「今この瞬間」に合わせよう

相手が話す内容に対処しようとすると、内容自体にさまざまなケース（仕事の話、家族の話、趣味の話……）があるので、少しハードルが高くなってしまいます。

そこで相手の話す内容よりも、**相手の今この瞬間の「テンション」と「タイプ」、「雰囲気」を観察して、相手に合わせてみましょう。**

相手のテンションが高ければ、自分もテンションを高くする。低ければ、自分も低くするのです。

具体例で説明しましょう。

私には7年以上経っても忘れられない、苦い思い出の会話があります。

職場で、好きな芸能人がいる同僚が5人ほどのグループで和やかな雑談をしてい

ました。

「今度、コンサートに行くの！」

彼女はとてもうれしそうに、ワクワクと興奮でいっぱいという感じで話をしていたのです。そこで私が何気なく、次の質問をしました。

「へー、ドームでやるの？」

このひと言を発した瞬間、その場は凍りつきました！　シーンと静まり返って誰も言葉を発しない。長い間、時間が止まったかのようにその場が固まりました。

実はそのコンサートはファンクラブ会員でもチケット当選の倍率がとても高く、参加できること自体が本当に奇跡レベルの素晴らしい体験だったのです。大好きな人に会える、声を聞くことができる、無我夢中になれる時間が待っている……。

だからこそ彼女は**心からの喜びに満ちて、高いテンションで話をしていた**のです。

彼女にとって、コンサートの場所はさして重要ではありません。それより、どれだけ素敵な時間を過ごせるかという**期待と喜びを一緒に共有したかった**のです。

当時を思い出すだけで、凍りついた冷たい雰囲気がよみがえり、自分の体が今でも固くなって、「何であんなことを言ってしまったのだろう……」と後悔の気持ちでいっぱいになります。

相手が何を望んでいるかを、会話の内容から想像して、その内容に合わせるのはかなり高度なテクニックが必要になります。

だからこそ、「この人、なんかテンションが高い」「なんかうれしそう」という相手の様子がつかめたら、**そのテンションに合わせればいい**のです。

「何を話していいか」がわからなくても、テンション高めに「ものすごくうれしそうだね！　なんだか私までうれしくなってきちゃった！」と伝えてみましょう。

逆に相手が落ち込んでいると、テンションは低く、声も小さいことでしょう。

こんなときは自分も少しテンションを下げ気味で、落ち着いた感じで声のトーンも少し落として話をするといいのです。

相手の「今」は、テンション以外にも観察することができます。

それが**「タイプ」**です。

例えば、**未来のことを語るタイプの人には、未来の話をします。**過去のことを語るタイプの人には、過去の話をしましょう。

優しい、柔らかい印象のタイプの人に対しては、こちらも穏やかに接しましょう。きちっとしたタイプの人には、ロジカルな印象を与えるようにするのです。

自分から相手を見たときに、相手からなんとなく伝わってくる感覚があると思います。それが「雰囲気」です。

相手から感じる雰囲気に、合わせていきましょう。


大事なのは「今この瞬間」を観察することです。


いつもは冷静な人が、感情的になっている。いつもは率先してみんなを引っ張っていく人が、静かにしている。いつもステレオタイプに収まらないのが人間ですから、そうした変化を見逃さないことです。

「今この瞬間」の相手がどうなのかを観察してください。

目の前の人の「今この瞬間」に合わせることができれば、相手の気持ちに本当の意味で寄り添い、相手と良い関係を築くきっかけが得られることでしょう。

共感ポイントがわかる魔法の質問「かきくけこ」

共感することで相手の考えや気持ちに寄り添うことができ、円滑なコミュニケーションが実現して心理的安全性が確保され、良好な人間関係へとつながります。

「共感の重要性」の話をすると、よく同じ質問を受けます。

「共感が効果的なのはわかった。で？　共感するにはどうすればいいの？」

共感の方法としてよく紹介されるのが、「オウム返し」です。

相手が話したことを、そのまま繰り返すというものです。

ただ、オウム返しを多用してしまうと、会話はどうしても不自然になってしまい、場合によっては「バカにしているのか？」と、相手の気分を少し害してしまうこともあります。

共感するには、相手の気持ちに寄り添う会話が必要です。

そこで多くの人が、ピンポイントで相手の気持ちに届く言葉を1回の会話のやり取りの中だけでしようとしがちです。しかしそれができるのは、人の気持ちに敏感な限られた人で、そのハードルはとても高いのです。

たった一度の会話のキャッチボールの間に、相手が望むパーフェクトな答えを出そうとするのはそもそも無理があります。

しかし、答えを出すためのヒントが得られる「一歩手前の質問」ができれば、その後にスムーズに共感することができます。

共感ポイントがわかる質問は「**かきくけこ**」です。

共感ポイント①　か――過去

「過去にどんな経験をしたのですか？」「そのときどう思いましたか？」と、過去の出来事やそのときの気持ちなどを聞いてみましょう。相手の過去に踏み込むのに少し抵抗を感じるなら、「もしよろしければ」「可能な範囲でお聞かせいただけますか？」とクッション言葉をつけると、嫌われることもないでしょう。

会話例

あなた「○○さんは、ずっと営業なんですか？」

パターンA

上　司「入社以来、ずっと営業でもう20年にもなるかな……」
あなた「20年も！　20年前は、どんな感じだったのですか？」

パターンB

上　司「いや、営業の前は現場だったんだよ」
あなた「そうなんですか！　やっぱり現場は違いますか？」

相手の過去を聞くと、その答えが何であっても（パターンAでもBでも）、その先の会話を深められることがわかるでしょう。

例えば上司と出張、取引先まで同行してもらう、休憩するときなど、無言だと気まずいけど、何を話したらいいかわからないときに質問するといいでしょう。

この過去を聞くというのは、「昔は違った」「自分があなたくらいの歳だったときは……」「自分は以前、この賞を取ってね」「自分は同期より早く出世してね」など、自慢話をしたがる上司には効果抜群です。

上　司「自分らの時代はこうじゃなかったけど、今は変わったな……」
あなた「以前はどのように違ったのですか？　もしよろしければ教えていただけますか？」

「ぶっちゃけ昔なんて知らないし、どうでもいいよ」と心の中で思ったとしても、過去の話を「はい」「いいえ」では答えられない、5W1Hの質問で聞いてみると、相手が続きの話をしてくれるため、会話が広がっていくのです。相槌を打ちながら話を聞いていれば、「ちゃんと人の話を聞ける人」と思われて、あなたの印象も良くなることでしょう。

共感ポイント②　きっかけ――きっかけ

「どんなきっかけで、取り組んだのですか?」ときっかけを聞くことで、相手の背景について深く知ることができます。背景には、事実関係だけではなく、気持ちが一緒にくっついていることが多いので、相手の気持ちへの理解にもつながります。

会話例

上　司「この件は、あなたに任せるよ」
あなた「ありがとうございます。もしよろしければ、どんなきっかけで自分に任せていただけるのか教えていただけますか?」
上　司「今までのがんばりは見てきたし、この前のプレゼンを聞いて、もう任せても大丈夫と判断したんだよ」

「あなたに任せる」と言われると、理由を聞きたくなりますよね良い評価であれば、何を評価してくれたのかが知りたくて、「なぜ自分なのですか？」とつい聞きがちです。すると、本当は評価を聞きたくて質問しているのに、聞き方によっては相手に「やりたくないのに、自分に仕事を振ってこないでよ」ということか？　という誤った印象を与えてしまうこともあるので注意しましょう。

「どんなところで、そう判断していただけたのでしょうか？」という聞き方をすれば、本当に自分が知りたい背景や相手の気持ちを聞くことができます。

きっかけで会話を進めていくのは、ネガティブな会話のときにも有効です。

会話例（通常のパターン）

友　達「あの人、最近ちょっと微妙じゃない？」
あなた「確かに、ちょっと周りとうまくいっていないよね？」
友　達「そうそう。この前も○○さんと、ちょっと険悪な感じになってたよ」

会話例（きっかけを入れた場合）

友　達「あの人、最近ちょっと微妙じゃない？」

あなた「確かに、ちょっと周りとうまくいっていないよね？　何かきっかけがあったのかな？」

友　達「最近いそがしいみたいだから、少し余裕がないのかもしれないね」

ネガティブな会話をそのままにしておくと、一緒になって悪口を言っているような雰囲気になりがちです。下手をすると、自分の印象も悪くなってしまいます。

ちょっと人間関係がこじれている、ちょっと困ったことになっているときは、欠点や問題を正面から指摘したり、そのまま会話の流れに乗っかるのは避けましょう。大事なポイントは、「そうなったきっかけ」に触れることです。すると、その背景を考えて理解しようという流れになります。また、視野も広がるので、続く会話の方向性をポジティブな方向に変えることもできるのです。

共感ポイント③　く――苦労

これまでの苦労や、その苦労をどうやって乗り越えたのか？　を聞いてみましょう。乗り越えた過程を聞くうちに、承認できることが見つかることでしょう。

そこで**「そんなことがあったのですか！」「それはすごいですね！」**と苦労をねぎらい、そのがんばりをほめるのです。相手の気分が良くなるのは、間違いありません。

会話例

同　僚「契約が決まったよ！」

あなた「良かったね！　契約取れるまで、大変だったんじゃない？」

同　僚「そうなんだよ。ここまで3年かかったよ」

あなた「3年はすごいね！　私だったらとっくに諦めてるよ。途中で無理だと思うことはなかった？」

同　僚「何度も諦めようと思ったよ」

あなた「何度も諦めようと思いながら、どうやって続けてこられたの？」

「おめでとう」だけだと、「ありがとう」で会話が終わってしまいます。

相手の苦労を聞いていると、「自分では思いもよらないことをしているな」と、相手と自分との違いに気づくことができます。こうした違いについてさらに質問していくと、会話が広がるとともに、あなたにも新しい知識や気づきがもたらされることでしょう。

共感ポイント④ け――結果

「それで、どうなったのですか?」と結果に焦点を当てて聞きましょう。

すると、結果がわかります。良い結果なら、ほめることができます。結果が良くなかった場合は、結果に至るまでのプロセスに注目しましょう。なぜなら、プロセスには「その人の思い」が込められているからです。

その人の思いがネガティブな感情であれ、ポジティブな感情であれ、一旦、感情さえ出てくれれば、その気持ちに寄り添っていけばいいのです。

会話例

あなた「この前悩んでた件、その後どうなった？」
同　僚「あの後、ちゃんと本人と話をして解決したよ」
あなた「それは良かった！　話をするには勇気がいったんじゃない？」
同　僚「そうなんだよ！」

勇気を持って行動した。諦めそうになったけど、がんばって続けた。悔しいけど、また次にがんばろうと思う。悲しいけど、仕方がない。

相手の気持ちに寄り添うには、「もし自分だったら、こんな気持ちになるかもしれない……」と想像することが大切です。すると、相手の気持ちがなんとなくわかってきます。その気持ちを、疑問形で聞いてみることです。疑問形で質問すると、相手の気持ちに合っていた場合、相手は「そうそう」という反応を返してくれて、違っていれば「それよりも、怒りだよ」などと訂正してくれることでしょう。

想像した相手の気持ちが、合っていてもいなくても、どちらでもいいのです。こうした会話が、相手の気持ちをより深く理解することにつながるのです。

共感ポイント⑤ こ――行動

「どうやったのですか？」「どんなことをされたのですか？」と、相手の具体的な行動に焦点を当てて聞きましょう。すると、相手が積み上げてきたノウハウや努力を知ることができます。誰しも自分ががんばったことは、認めて欲しいと思うものです。相手が上司の場合、あなたが共感を示すことで、仕事上の有益な情報を得られることもあるでしょう。

会話例

あなた「お客様との過去の会話を、細かいところまで具体的に覚えていらっしゃってすごいですね！　私は記憶力が悪いせいか、そんなに覚えられなくて困っています……。どんな工夫をされていらっしゃるのですか？」

上　司「実は、独自のノートを作っていてね……」

相手の行動を聞くときは、自分の苦手なところやできていないところをセットで伝えてから、質問してみるのがコツです。

すると、相手も何に絞って話せばいいのかを察知するので、より具体的に教えてもらうことができます。

共感するには、この項目で説明した「かきくけこ」の質問を活用してください。

そして、**自分が感じたことをそのまま言葉にすればいい**のです。

「もっと知りたい」と思ったら、「それで？」「もう少し詳しく教えてください」とさらに聞いてみましょう。

驚いたら「ビックリしました」、感心したら「それはすごいですね！」と素直に伝えればいいのです。

嫌われない程度の関係でいいのなら、適度に会話を進めておけばOKです。

もし、もっと仲良くなりたいと思うのなら、共感しながら会話を深めてください。

相手との心の距離感を「自分がどうしたいのか」によって、この「かきくけこ」の質問を使い分けていきましょう。

相手に正論を言うときは、相手の気持ちのケアを忘れずに

職場でも、家庭でも、友達でも、人間関係がこじれる直接のきっかけは「良かれと思って口にした、ちょっとしたひと言」が多いようです。

例えば、次のようなひと言です。

「その言い方は良くないよ」「約束を守らないと、人に嫌われるよ」「1分でも遅刻は遅刻だから、気をつけて」「そんなだから、仕事もうまくいかないんじゃない？」「自分にできないことは、人に言わない方がいいよ」「あなたのために言ってるの！」

そのひと言の指すところは、大抵の場合間違っていません。

間違っていないからこそ、相手は自分から謝りたくなくなります。間違っていない、つまり正論であるのに、どうして人間関係がこじれてしまうのでしょうか。

「正論は、ときに人を傷つける」

誰でも、自分の弱さや認めたくない部分、頭ではわかっていても「でも……」と言い訳をしたくなる部分を持っているものです。そこをぐさりと正論で突かれてしまうと、心は真剣で切りつけられたように傷ついてしまいます。心から血を流している自分を守るために、自分を正当化したくなったり、反撃したくなるのです。

つまり、これは心の防衛反応のひとつなのです。

瞬時に、そして無意識のうちに出てくるため、後々になって「あんな反論をして、心にもないことを言ってしまった……」と後悔するパターンに陥ります。

相手は無意識なので、悪気があるわけではありません。

正論を伝えるときは、**相手の心理的抵抗を事前に考えておくとうまくいきます。**

例えば、正論を伝える前に、自分の同じような経験を先に話してみるのです。

大事なポイントは、過去の話をしながら**自分の心理的抵抗についても一緒に話をすることです。**


私の会社員時代の話をしましょう。

当時、私はリーダーの立場ではありましたが、まだまだ未熟者でした。

広報責任者として、あるイベントの準備をしていたときのエピソードです。

私は新しいことを考えるのが大好きで、次々とアイディアが浮かんでくるので企画はとても得意でした。ただ、その企画を具体的に運営するとなると、おおざっぱな性格のせいか、細かいところには気がまわりません。

その点を、部下にズバリと指摘されたのです。

「見込みのお客様数に対して、席数が足りません。このままではお客様を待たせることになりますが、どうするのですか？　どう考えているのですか？」

この「どうするのですか？」「どう考えているのですか？」という言葉。

部下は現状の課題について、フラットな気持ちで教えてくれました。ただ、当時の私は「あなたは上司のくせに、なぜこんなことにも気づかないの？」「上司なのだから、これくらいちゃんと考えてよ！」と、上司として足りない部分やできていない部分を厳しく指摘されているように受け止めたのです。

「上司たるもの、部下よりも仕事ができなければ」と考えていた私は、部下から指摘されるなんてことは、「あってはならないこと」だったのです。


今では、自分の強みと弱みを自分で理解しています。

しかし、当時の私は自分の弱みを認めることができませんでした。せっかくの部下の意見を素直に聞くことができず、「自分が部下よりも優秀である」ことを示すために、無意識のうちに部下の仕事の粗探しをして、できていないことをあえて探しては指摘することまでしていました。


こんな自分が間違っていることに気づいたのは、**「真のリーダーは、自分より優**

秀な人と一緒に仕事をする」ということを学んだ瞬間です。

人間は完璧ではありません。得意なこともあれば、苦手なこともあります。上司が苦手な部分を、得意とする部下がいます。自分よりも優秀な部下はたくさんいるのです。


それでは、こうしたリーダーの成長のために、どんな働きかけが有効でしょうか。

「あなたの弱みはこれだよね。人は完璧じゃないから、誰にでも苦手なところがあるのは当たり前。そこは得意な人に任せて、自分の弱さを認めた方がリーダーとしてうまくいくよ」

もしこんなふうに言われたら、どう思うでしょうか。

「確かにそうだけど……」と正論としては理解できても、素直に「確かにそのとおりですね」とは受け入れられないのが人の心理です。

何か反論する要素を探して、自分を正当化したくなってしまいます。

正論の前に、伝えておくべきこと

そこで、次のように言ってみます。

「10年前の私は、上司は部下より仕事ができなければならない、すべてにおいて秀でていなければならないと思っていたの。優れているからこそ、役職を与えられていると思っていた。

だから部下から意見を言われると、自分ができていない点を指摘されているような気がして、素直に受け止めることができなかった。当時は自分の弱さや部下が自分よりも優れている点があることを、認められなかったの。

10年前の私とあなたの状況は違うかもしれない。だけどリーダーとして、あなたはもしかして、自分が完璧でなければならないと思っていない？」

こんなふうに自分の体験も交えて親身に声をかけてもらったら、「この人なら、私の気持ちをわかってくれるかもしれない」と思うことでしょう。すると相手は「そうかもしれないです……」と、ポツポツと自分の話を打ち明けてくれると思います。

「弱さを認めた方が、リーダーとしてうまくいく」というアドバイスをするのは、相手が話してくれたことをしっかりと聴いた後でいいのです。

正論を伝える前に、自分の体験を「そのとき、自分は受け止められなかったけど」「自分では気づかなかったけど」「そのときは理解できなかったけど」……と、先に相手に伝えておくと、相手は「この人なら自分の気持ちをわかってくれるかも」と思うわけです。

また、相手はあなたの過去の経験をオープンに聞くわけですから、今度は自分も心を少し開いてみよう、という気持ちの動きが生まれます。

もし自分の過去を話すほど、相手との心の距離を縮めたくない、もしくは過去の話はしたくないという場合は、自分の知り合いの人の話、ドラマやテレビ、漫画の登場人物のエピソードを持ち出すのもひとつの選択肢です。

そうした他人の話をするのにも抵抗がある場合は、ストレートに聞きつつ、心のケアもセットにしてみましょう。


「ちょっと厳しいことを言うかもしれないけど……」

「周りからあなたについて、こんな声があがっているのだけど……」

と、前置きをしたり、

「もし、こう言われたら（正論を述べる）、どんな気持ちがする？」

と、最初から相手の気持ちに焦点を当てた聞き方をして、フォローします。

こうしたケースでは、相手からネガティブな感情が出てくることが多いです。

そこで、とても大切なことがあります。

相手が気持ちを話してくれたら、その瞬間を逃さずに、

「そうだよね、納得いかないよね。話してくれて、本当にありがとう」

と、**間髪入れずに相手の気持ちに寄り添う**ことです。


正論を伝えることが、必ずしも好ましい結果を生むとは限りません。

相手の心のケアが欠落したままでは、人間関係がこじれてしまい、最悪の場合は

嫌われてしまうこともあります。

正論を伝えるときほど、相手の気持ちを大切にしてください。

逆に言うと、相手の気持ちにしっかりと寄り添いながら正論を伝えると、職場でも家庭でも友達との間でも、相手との距離をより近づけ、より深くしてくれます。

つまり、より良い人間関係へとつなげることができるのです。

「その気持ち、わかる」が成り立つための大切な条件

落ち込んでいるときや失敗してしまったときなど、気持ちがネガティブに傾いていて、「誰かに話を聞いてもらいたい」と思っているときに、相手から
「その気持ち、わかる」
と言われて、

ケース①　**「わかってくれる人がいて、救われる。ありがとう！」**

と、感謝したくなる人と

ケース②　**「お前に何がわかる！」**

と、思わず逆ギレしたくなる人がいないでしょうか？

まったく同じ言葉なのに、どうして真逆の感情が生まれるのでしょうか。

この違いは、**「心の目線」**から生まれます。

ケース①の場合は、相手が本当に心から共感してくれて、**相手と自分の心の目線が同じ位置にある**のです。

一方、ケース②の場合は、**相手の心の目線が上からになっています。**自分より相手が高い位置になっていると、それは共感ではなく、**同情**になってしまいます。

共感はネガティブな感情を癒やしてくれますが、同情に対しては腹が立ちます。

もしあなたが相手に対して同情すると、相手との心の距離は離れていきます。

心の目線が同じ位置で、心から本当に共感できれば、相手との心の距離は縮まります。

本当に相手の心に寄り添いたいと思えば思うほど、「その気持ち、わかる」と軽々しくは言えなくなるものです。

なぜなら、仮にあなたが相手と同じような体験をしたとしても、あなたが経験した悩みや苦しみと、**相手が経験している悩みや苦しみが、まったく同じとは限らないからです。**

とはいえ、例えば仕事上のミス、パートナーとのケンカといった、似たような体験であれば、お互いの共通点は見つかるでしょう。

その場合は、「自分のときはね……」と前もって断っておいて、当時体験した悩みや苦しみ、自分が感じていたことを伝えてみましょう。

それに対して、相手が「そうそう」「私も同じです」と言ってくれてはじめて、「その気持ち、わかる」が成り立つのです。

相手から、自分と似ているけど、少し違う気持ちが出てきたら、その気持ちに寄り添ってみましょう。それが相手の心の傷を癒やして、相手とさらに深くつながるきっかけになることでしょう。

ほめるポイントは、その人しかできないところ

「承認欲求」が丸出しで、「ほめてもらいたいオーラ」が全開、さらにほめないと機嫌が悪くなる人は、扱いがちょっとやっかいですね。

そんな相手から嫌われたり、場の雰囲気が気まずくなったりするのも嫌なので、適当にほめてしまうと、相手から「わざとらしい」と思われて、さらに面倒です。

「目についたもの、耳に入ってきたものを、なんでもほめておけばいいや」程度の考えでほめてしまうと、相手からは「わざとらしい」と思われてしまいます。

上手にほめるには、次のコツを忘れないでください。

「その人しかできない」「その人だけ」の理由を探して、ほめるのです。

高価なブランド品など、所持品や身に着けているものをほめて欲しいと思っている人には、目についたものをそのままほめておけば大丈夫です。

しかし、そうではない人に同じほめ方をすると「時計だけ?」「バッグだけ?」と、見ているのはモノだけで、人柄や気持ちはスルーしていると思われてしまいます。

同じ洋服をほめるにしても「そのコーディネート、素敵です!」というほめ方なら、相手のセンスをほめたことになって効果的です。

何かの行動をほめるなら、「そこまで続けるなんて、なかなかできない」「こんなに細かいところまで気づいてくれて、ありがとう」というように、**「自分ではとてもできない(気づかない)ことをしていて、すごいです」**という気持ち、つまり**「あなたにしかできないこと」**をセットで伝えるといいのです。

「その人ならでは」のオリジナル要素が伝わらないと、「なんでもいいのか!」

「（私でなくても）誰でもいいのか！」と、ほめたつもりが相手は逆に腹を立てたり、わざとらしさに嫌悪感を抱いたりします。

「ほめられて、嫌な気はしない」とよく言われますが、ほめ方の上手・下手によって嫌な気持ちにもなれば、うれしい気持ちにもなるのが難しいところです。

「相手にしかできない理由」がすぐ見つかるかどうかは、**自分が相手にどれだけ興味を持っているか**によって変わってきます。あまり興味がない人を観察するのも、正直苦痛ですね。

「この人、きっとほめて欲しいのだろうな」と気づいていても、心の距離を置きたい人であれば、会話に入らずに、トイレなどを理由にそっとその場を離れるのもひとつの選択肢です。

興味がある人や、好意を持っている人ならば、ぜひ「相手にしかできないこと」を探してください。ちょっとした仕草、さりげない雰囲気、何気ない言葉遣いや態度など、一見些細なことであればあるほど、「そんなところまで見てくれていたの?」と、あなたが気づいてくれたことがうれしくて、相手の気分は上がります。

「そこに気づいてくれていたの?」が生む感動

ある中小企業で、入社3か月なのにもう退職を考えていた社員が、社長のあるひと言がきっかけで退職を思いとどまったケースがあります。

その社長のひと言は、次のものです。

「毎回シュレッダーのゴミを捨ててくれているよね。いつもありがとう」

このゴミとは、シュレッダーで細かくなった紙くずのことです。

このゴミを捨てるとき、紙くずが入ったビニール袋を箱から取り外す際に、細かい紙くずが袋から漏れてしまいます。落ちた小さい紙くずを集めるという、忍耐のいる作業が必要なのです。

季節が冬だと静電気でくっついて取れなくなったりして、かなりやっかいです。

正直これが面倒で、ゴミ袋の交換を伝えるランプが点滅しても、紙くずをぎゅうぎゅうと押しつぶして、あと何回かもたせることで、自分がゴミを捨てなくていいようにしたことが私自身、何回もあります。

この面倒な作業を毎回やってくれていることを、社長はちゃんと見ていました。そして、その社員に感謝の言葉をかけたのです。

退職を考えていた社員は、社長がこんな「小さなこと」を見ていてくれたことがうれしかったのです。「この社長がいる会社なら、もう少しがんばってみよう」と、退職を思いとどまったのだそうです。

私は、言葉にとても敏感だと自覚しています。

それは、言葉が人を傷つけることもあれば、逆に輝かせることもあることを知っているからです。

だからこそ、普段当たり前のように使う言葉には気をつけています。

クライアントさんから、

「神谷さんは、とても言葉を選んで話しているよね。だからなのか、スッと心に入ってくる」
と言われたときは、泣きそうになります。

言葉に気を配るのは、私のこだわりです。こだわりといっても、意識してというよりも、今では無意識のうちに自然とやっている状態です。私の「本質」であり、「私そのもの」といっても良いくらいです。

その点をほめてもらえると**「そんなところを見ていてくれたの？」**と本当にうれしい気持ちになりますし、**「そこに気づいてくれるの？」**と心から感動してしまうのです。

相手にしかできない理由を探して伝えることは、ほんわりとした温かい気持ちやうれしさ、驚きが混じった喜びと幸せをもたらしてくれるのです。

第4章

仲良くなりたい、気に入られたい人への対処法

「好かれたい、心地良い関係でいたい」良好な距離

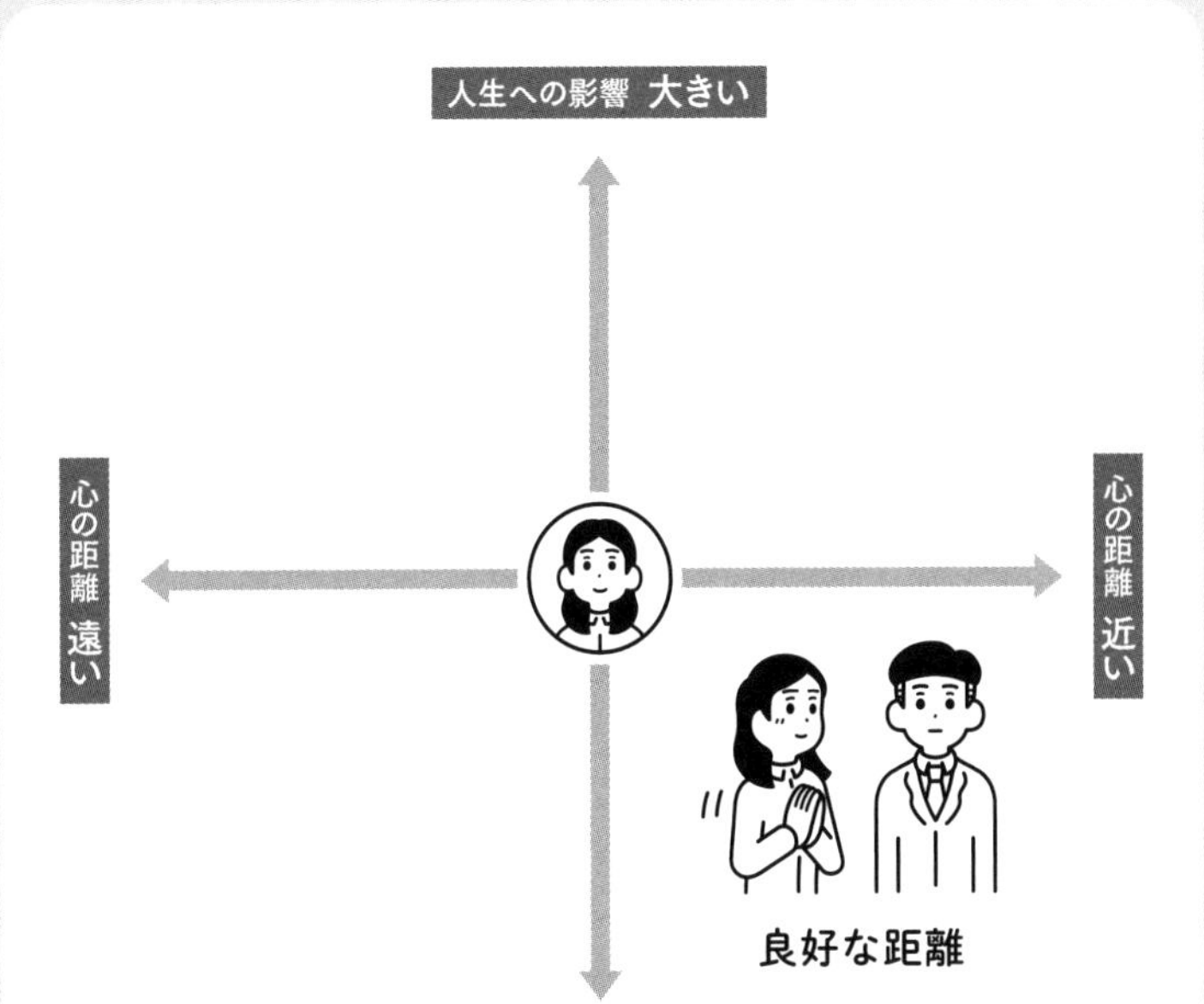

聞くポイントは、相手の本音が出やすいこと

人に好かれるためには、**「聞き上手」**になることだと言われます。

そう言われても、「具体的にどうやって、人の話を聞けばいいの？」と思ってしまいますね。


私はずっと、**「人にどう思われるか」**を気にして生きてきました。

女子はよく、グループ単位で動きます。グループの人数が奇数だと、どうしても誰かひとりがあぶれてしまいます。私はいつも、この「あぶれる人」でした。

「みんなでどこかに遊びに行こう！」というとき、いつも存在を忘れられていました。「あっ！　あなたも来る？」みたいな感じで、「どちらかというと、声をかけないと気まずいから誘っておこう……」くらいのニュアンスで、最後にやっと声をか

けてもらうのがいつものパターンでした。

グループの中心にいる子に、いつも憧れていました。「最初に声をかけてもらう人」になりたくて、人に好かれようと必死だったのです。

「こんなことを言うということは、きっとこんな気持ち」「この態度なら、きっとこう思っているはず」と、相手の言葉や態度から、いつもその人の気持ちを想像していました。そして自分よりも相手の気持ちを優先し、相手に合わせて、相手が喜ぶことをずっとしてきました。

相手の気持ちはわからない、だから聞く

何十年も人に合わせて生きてきて、わかったことがあります。

それは、どんなにがんばっても**「想像で、人の気持ちを完璧に理解することはできない」**ということです。

相手の気持ちを想像することはできても、実際は違っていることもしばしばですし、ちょっとした細かいニュアンスをくみ取ることは至難の業なのです。

そもそも、できないことをやろうとすることに無理があります。

だからこそ、相手の気持ちが知りたいのなら、正解を完璧に導き出そうとしてはいけません。

そうではなく、**相手の本音が出やすいことを「聞く」**。これがポイントです。

たった1回で「あなたって、本当はこんなこと思っているでしょう?」と、まるで占いのように当てに行くのは間違っています。

「会話をしているうちに、いつの間にか本音を話しちゃいました」という聞き方、コミュニケーションが理想です。

相手がついうっかり本音を話しちゃう聞き方のコツは、**3つの「き」**に注目することです。次の項目で、具体的に説明しましょう。

本音が出てくる聞き方 3つの「き」——期間・気持ち・基準

相手がうっかり本音を話してしまう聞き方、3つの「き」を紹介します。

聞き方① ——期間

あることにかかった期間を聞くと、相手がどのくらい時間をかけたかがわかります。その時間がわかれば、背景にまでイメージを膨らませることができます。

例えばとても長い時間であれば、「そんなに長い時間を……」と、会話を続けることができます。逆の場合なら「そんなに短い時間で……」と、反応を返せます。

会話の例を、いくつかご紹介しましょう。

私が以前、職場でパワハラにあい、うつ状態だった頃のことです。

友達や同僚など、周りのいろいろな方に声をかけていただきました。みなさん、本当に親身になって相談にのってくれたことを思い出すと、何年も経った今でも感謝の気持ちでいっぱいになります。

私「何をやっても上司から批判されるばかりで、決裁もしてもらえない。申請書類の印を押してもらえないから、何も仕事ができないの。できないから仕事が遅れる、すると、『なぜやらない』のと怒られる。別室に呼ばれて、あまりの辛さに泣いてしまったら、『そんな涙が通用すると思うな』と、また怒られて……」(A)

同僚「それはあまりにも酷いね。そのパワハラは、どのくらい続いたの?」(B期間)

私「半年くらいかな……」

同僚「半年も! よくその状態を、半年も耐えてきたね。本当に辛かったね。よくがんばってきたね」

会話のセリフAを聞いて、とても辛い状況であることは想像できます。

これが1回だけなのか、何回も繰り返されていたのかで、辛さの度合いは変わってきます。次のセリフBで期間を聞きました。「半年」という答えから、毎日毎日、辛い状況がずっと続いていたことがわかります。

もしセリフBで期間を聞いていなかったら、セリフAの後に、「それは辛かったね」と伝えていたことでしょう。それで確かに、相手の辛さに寄り添えます。

しかし期間を聞くことで、それが半年も続き、積み重なった苦しみであることを深く理解できるのです。実際、そのときの私は相手の「半年も！」というたったひと言に、とても救われました。

「逆に期間が短い場合はどうするの？」と、疑問に思われた方もいらっしゃるかもしれませんので、ひとつご紹介しましょう。

部　下「先日ご指示をいただいた報告書ができましたので、ご確認お願いします」
上　司「ありがとう。これ、どのくらいの時間で作成したの？」(期間)
部　下「時間ですか？　1時間くらいですかね……」
上　司「この内容を1時間で!?　どうやって短時間で仕上げたの？」

想定よりも時間が短い場合は、このようにほめることで、部下の承認欲求を満たすことができます。さらに質問をすれば、部下のコツや工夫を聞くことで、他のメンバーにも有益な業務効率化のヒントが共有できるかもしれません。

逆に、課題が見つかる場合もあります。

部　下「先日ご指示をいただいた報告書ができました。ご確認をお願いします」

上　司「ありがとう。これ、どのくらいの時間で作成したの？」(期間)

部　下「時間ですか？　3時間くらいかかりました……」

上　司「一番時間がかかったところや大変だったのは、どの部分？」

もし想定よりも時間が長い場合は、そこに改善のカギがあります。どこに時間がかかったのか？　何の理解が不足しているのか？　その原因を質問することで、課題解決のヒントをつかんで、人材育成へつなげられます。

もしかしたら、「わからないことがあっても、質問しにくかった」という背景が見えてくるかもしれません。そこで「なぜ質問しにくかったのか？」を探ることで、職場の心理的安全性が低いという事実に気づく、という展開もあり得るのです。

このように、期間を聞くことで背景への理解が深まり、次にかけるべき言葉が導かれ、会話がより濃密になります。共感も自然に生まれてくることでしょう。

聞き方② ——気持ち

先ほど、「想像で、人の気持ちを完璧に理解することはできない」とお伝えしましたが、それにはもうひとつ別の理由もあります。

私たちの会話のほとんどは、「事柄」を伝えることで成り立っています。

意外かもしれませんが、**気持ちを表す言葉は使われないまま、コミュニケーションを取っていることが多いのです。**

例えば、職場で次のような会話があったとします。

A「今日、上司に怒られちゃった」

B「そっか……。飲みにでも行く？　付き合うよ」

さて、この会話に気持ちを表す言葉はどれだけ入っているでしょうか？

実は、ひとつも入っていないのです。

Aさんは「怒られた」とは言っています。しかしその結果、落ち込んでいるのか、悔しかったのか、反省しているのか、悲しいのか……気持ちは何も言っていません。「空気を読む」という言葉があるように、**私たちは気持ちを想像して会話をしています。**

Bさんは、Aさんがどんな気持ちかはわかっていません。ただ、その様子からして、何かしらネガティブな感情を感じ取り、「きっと話を聞いてもらいたいのだろう」と想像して、飲みに行こうかと誘っているのです。


会話に気持ちを表す言葉が入っていないとき、気持ちは聞いてもいいのです。

先ほどの会話例であれば、もし相手の気持ちが想像できたら、

「そっか、怒られちゃったんだ……。それは落ち込むよね？」

と、最後を疑問形にして相手の気持ちを聞いてみればいいのです。

相手は「落ち込んだよ……」と答えるかもしれないし、「落ち込んだのもあるけ

ど、情けなくって……」と気持ちを伝えてくれるかもしれません。

相手の気持ちが想像できるときはともかく、それが想像できないときはどうしたらいいのかと、疑問に思った方もいらっしゃることでしょう。

相手の気持ちがわからないときは、素直に聞いてみるのが一番です。

相手の気持ちを聞くことに、ためらいを覚えるかもしれません。しかし、「そっか、怒られちゃったんだ……。そのとき、どう思った？」と、素直に聞いてみると、相手も案外、嫌な気持ちになることなく素直に気持ちを話してくれるものです。

聞き方③——基準

最後に注目するのは「基準」です。

人にはそれぞれの価値観があり、基準があります。**この基準が人それぞれで違うため、同じ出来事に対する考え方や湧いてくる感情が異なってきます。**

実はこの基準は、ありとあらゆることに関わってきています。

例えば、「がんばる」の基準を考えてみましょう。

何時間仕事をしたら、がんばったと言えますか？

8時間でがんばったという基準の人は、6時間しか仕事をしていない人に対して、「そんなの、がんばったうちに入らない」と思うかもしれません。

6時間でがんばったという基準の人が、8時間仕事をしている人を見ると、「そんなの、やりすぎだ」と思うかもしれません。


ある会社で、定時退社の時刻が夕方5時だとします。「5時までは就業時間」という基準を持っていれば、帰り支度は5時を過ぎてから、という考え方になります。だからこそ5時5分前から机の上を片づけはじめ、5時ぴったりにタイムカードを押す人を、「こんなのおかしい。理解できない」となるのです。


パートナーシップでよくあるのが、「愛され基準」です。

相手のために、自分の時間や労力を使うことが愛情表現だと思っている人は、「相手が自分のためにどれだけ時間を使ってくれているか」を基準に愛されているかどうかを判断します。すると「最近なかなか会えない。もしかして私は愛されていないのかも？」と不安になるのです。

一方で、相手を信頼することが愛情表現だと思っている人もいます。愛しているからこそ、信頼しているからこそ、相手もきっと理解してくれる。すると、大事な人との時間を後回しにすることもあるでしょう。

愛しているからこそ優先する。愛しているからこそ後回しにする。

この真逆の基準が原因で、ケンカが起きるのです。しかし、お互いの基準が違うことがわかれば、本当はふたりの間に愛はあったんだという、大事なことに気づくことができるでしょう。

子どもがテストで、100点を取ったときの会話を想像してみましょう。

子ども「テスト100点だったよ！」

親　「わ〜！　すごいね！　がんばったね！」

この会話でも、子どものがんばりをほめてはいます。

ここに3つの「き」を加えてみます。

子ども「テストで100点取ったよ」
親「すごいね！　今回はどのくらい勉強したの？」（期間）
子ども「今回は授業中も集中してがんばったし、家でも毎日2時間勉強したんだ」
親「今までの勉強時間を考えたら、毎日2時間はものすごくがんばったね！
　点数を見たときは、うれしかったんじゃない？」（気持ち）
子ども「今回は本当にがんばったから、本当にうれしい！」
親「ちなみに、平均点ってどのくらいだったの？」（基準）
子ども「平均点は70点くらいかな」
親「平均点が70点で、100点って、めちゃめちゃすごいよね！」

このように3つの「き」（期間、気持ち、基準）を入れることで会話が深まり、背景までつかむことができます。相手の気持ちにもより深く寄り添うことができるのです。

相手の気持ちの「正解」を当てに行こうとしない。

聞くことを通して、相手の気持ちへの理解を深める。

相手の気持ちへの理解が深まれば、相手のあなたへの気持ちも同じように深まることは、言うまでもないでしょう。

相手の気持ちがわからなくても、言葉にしてみよう

相手から好かれたい。好かれるためには、どうしたらいいのだろうか？

どんな言葉をかけたら、喜んでもらえるだろう？

逆に、どんな言葉をかけてはダメなのだろうか？

相手から気に入られたいからこそ、人はコミュニケーションの「正解」「不正解」を知りたくなります。不正解は出さずに、なるべく正答率を高めたい。

だからこそ、心理学や人間関係のハウツウをいろいろ駆使するのです。

しかし心理学や人間関係のハウツウについては考え方としては正しくても、必ず2つの課題が残ってしまうと考えています。

課題① ——実際の状況に、当てはまらない

課題② ——とっさに出てこないので、結局使えない

課題①について、説明しましょう。

心理学の先生が言うとおりに、あるいは、心理学の本に書いてあるとおりにやってみたのに、うまくいかない。その最大の原因は、**人には「感情」があるからです。**

感情が影響するために、「今はそういう気持ちじゃない」「実は本心は違っていた」など、理屈どおりにはいかない要素が作用するため、どうしても「当てはまらない」ケースが現実には起こってしまうのです。

課題②について、説明しましょう。

心理学や人間関係のハウツウを学んでいたとしても、完璧にマスターしているわけではないでしょう。会話の途中で「あれ、どうするんだっけ……」と、相手の目の前で本やスマホを取り出して、調べてから話をするなんて、当然できません。

苦手な上司となんとかうまくやりたいと思ったときに、「すみません。課長とうまくやっていきたいので、タイプを調べるために、まずはこの50個の質問にお答え

いただけますでしょうか？」などと、お願いするわけにはいきません。

事前準備に時間をかけたとしても、すべてのケースについて本などで網羅《もうら》されているわけではありません。

「えっ？　こんなケースはどこにも書いていなかったぞ」という未知の場面に遭遇したら、もう頭の中が真っ白になって、どうしていいかわからず、普段ならできていることすら、できなくなってしまうのです。

人の気持ちに敏感な人は、比較的、他人の気持ちへの理解が得意かもしれません。しかし、共感できる人が、すべての人の気持ちに敏感とも限らないのです。

大事なのは、「聞き方」のところでもお話ししたように、気持ちの「正解」を一発で当てに行くことではありません。**相手の気持ちに寄り添い、共感できるように会話を進めることで、相手への理解をより深めていくことなのです。**


つまり、相手の気持ちは、わからなくてもいいのです。

むしろ、「わからない」という前提で、「わからないから、教えていただく」「わからないから、聴かせていただく」というスタンスで接していく方が、相手も心を

開いてくれるのです。

具体的には、**相手の気持ちがわからないのなら、まず想像してみることです。**

「もし自分だったら、こう思う」「きっと、こんなふうに感じているのでは」「一般的には、きっとこうだと思う」というレベルで大丈夫です。

そして、想像したことをそのまま言葉にしてみましょう。

ここで一番大事なことは**「自分の気持ちに対して正直である」**ということです。

もし間違っていても、相手が修正してくれる

自分が想像した気持ちを相手に伝えるときに、「もし、違っていたらどうしよう？」「嫌な気持ちにさせてしまったらどうしよう？」という不安や恐れが出てくるかもしれません。それでいいのです。

この**恐れの正体は、相手が自分から離れていくこと**であって、伝えたことが違っていることへの恐れではないのです。「聞きにくいから……」といって相手に聞かずに気持ちがすれ違ったままだと、本当に恐れていたこと、つまり相手が自分から離れていくことが現実になってしまいます。「怖い」と感じているのであれば、そ

の気持ちも一緒に、正直に伝えればいいのです。

「もし自分だったら怒っているけど、腹が立たない？」

「こんなことを言ったら、嫌われるかもしれないと思って、伝えるかどうか迷ったんだけど、あなたとの関係がこじれるのはもっと嫌だから、話そうと思うんだけど、聞いてくれる？」

「違っていたらごめんね。元気ないように見えるけど、何かあった？」

「先日も同じことをご指導いただいたばかりなので、お叱りを受けるかもしれませんが、どうしてもわからないので、もう一度教えていただけませんか？」

自分が想像した気持ちが、相手の気持ちと違っていてもいいのです。**もし違っていれば、相手が修正してくれます。**何が違っていたのか？　そのズレに注目することが、相手の気持ちへの理解を深めることにつながるのです。

会話例で説明しましょう。

あなた「思ったとおりの結果が出なくて、悲しいね」
相　手「悲しい……。うん、悲しい気持ちもあるけど、どちらかというと悔しい」

悲しい気持ちと同時に、悔しい気持ちもあることがわかりました。

それなら「あれだけ努力してきたから、それは悔しいよね」と、新たに出てきた気持ちに寄り添う会話を続けられるのです。


相手の気持ちを想像して伝えてみる。

それが相手の気持ちと一致していれば、それはそれで良いことです。

もし一致していなかったとしても、違っていた部分こそが相手の気持ちを知るチャンス！

違いを聞いてみることで、「そう考えるのか！」「そんな視点があるのか！」という新たな発見や気づきが生まれます。

相手の世界観を垣間見る体験ができるのです。

「言葉が見つからない」ときは、「言葉が見つからない」と伝えよう

肉親や親友、最愛の人が亡くなられたとき。

何年もかけて一生懸命に勉強してきた第一志望の受験に失敗したとき。

負けたら最後の大事な試合に負けてしまったとき。

相手が深く悲しんでいたり、すごく落ち込んでいたりするときに、何と言ってあげたらいいのか、どう言ってあげたらいいのかがわからないことがあるでしょう。

そんな相手に「落ち込むよね」という言葉は、あまりにも軽すぎます。

もし、逆の立場だったらどうでしょうか。「落ち込むよね」と言われて、自分のことを思って声をかけてくれていると頭では理解できても、「あなたにこの気持ちがわかるものか！　頼むからひとりにしてくれ」と思ったとしても当然です。

こんなときに湧き上がってくるのは、「どう言葉をかけていいかわからないけど、何か言葉をかけてあげたい」という気持ちです。

だからこそ、なんとかピッタリと来る言葉はないかと探すのですが、どの言葉もしっくりこなくて困るのです。


ここでお伝えしたいのは、**「無理に言葉を探さなくてもいい」**ということです。

とりわけ深いネガティブ感情が出てくる場合、どれだけ探しても、通りいっぺんの言葉しか見つからないものです。

でも、何か言葉はかけたい。

そんなとき、ピッタリの言葉を探すのではなく、**「言葉にならない」をそのまま言葉にして伝えればいいのです。**

「ごめん。何と言ったらいいか……。**ちょっと言葉が見つからない……**」

そう言って、一緒に隣で泣く。下手な言葉をかけられるよりも、よっぽど心に響きます。その後の会話が続かずに沈黙が流れても、**「ただ隣にいるだけ」でいいのです。**

自分の五感で感じていることを、シンプルな言葉で伝えるのもひとつの方法です。

例えば次のような表現です。

「話を聞いていて、ちょっと……、**自分が苦しくなってきた**」

軽々しく通りいっぺんの言葉をかけられるよりも、よほど自分の気持ちをわかってもらえたと相手も感じることでしょう。

私は言葉によって、人を勇気づけることも、輝かせることもできると思っています。けれども、気持ちを言葉にできなくて、言葉が無力だと感じるときもあります。

言葉にならない気持ちを、無理に言葉にすると軽々しくなります。

そんなときは、**その瞬間に感じていることや感覚を大事にしてください。**

言葉にならない気持ちは、きっと相手の心に届きます。

自分も相手も大事にする3つのコツ
――安心・受容・共感

相手とのより良いコミュニケーションのために、共感がとても大切であることはこれまでお話ししてきたとおりです。

しかし、この共感がいつの間にか「**相手に合わせること＝相手に合わせて自分の価値観を変えること**」にすり替わってしまい、苦しくなることがあります。

共感とは、相手の考えや感情をそのとおりに感じることです。

あくまで相手の世界観をそのまま感じるだけであり、自分の価値観や考え方を相手に合わせて変えることではありません。

「自分はこう思うけど」という、自分の考え方は一旦脇に置いて相手の話を聞くのですが、脇に置いておくだけで、自分の考え方はきちんと存在しているのです。

私が会社に勤めていた頃のエピソードで、転職したばかりのときのお話です。

最初の出勤日、職場の上司や先輩がランチに誘ってくれました。

「何が食べたい？」と聞かれましたが、特にこれというものはなかったので「なんでも大丈夫です。お勧めのお店はありますか？」という会話をしながら、カレー屋さんに連れて行ってもらいました。

それぞれがメニューを見ながら注文を決めて、店員さんを呼んで注文します。

「お先にどうぞ」と上司や先輩が先に注文するよう伝えましたが、「いや先に」と言われたので、私が最初に注文することになりました。

「チキンカレー、お願いします」

と、私が言った瞬間、上司が
「君とは仲良くなれそうにないね」

と、たったひと言ピシャリと冷たく言い放つではありませんか！　とてもビックリした私は、「自分は何をやらかしてしまったのか？　しかも転職初日から！　これからこの職場で、うまくやっていけるかしら……」と頭の中で思考がぐるぐるとまわり、「終了！」という言葉が鳴り響きました。

かなりの衝撃で、15年以上経った今でも心の痛みとともに覚えています。

実は、その上司はチキンが大嫌いだったのです。子どもの頃に鶏が食用にされる作業を見てしまって以来、食べられなくなったそうです。

さて、話を共感の話題に戻しましょう。

この上司の話を共感しながら聞くのであれば、

「チキンが嫌いなのですね。子どもの頃に見てしまったら、相当ショックな光景ですよね」

という会話になるかと思います。

この上司と一緒になって自分がチキンを嫌いになり、今後一生、自分もチキンを食べないということではないのです。

「安心、受容、共感」の3つがコツ

人はそれぞれ、異なった価値観や考え方を持っています。自分と一致するとは限りません。しかし自分にとって、自分の価値観の中でも、とりわけ大切にしているもの、大きなウエイトを占めているものについて、相手との違いが大きければ大きいほど、相手とのコミュニケーションが複雑になってしまうのです。

もしあなたが、誰かとのコミュニケーションにおいて、自分とは違う価値観や考え方に遭遇した場合、自分を犠牲にして相手に合わせる必要はないのです。

そんなときは、私のこのチキンカレーのエピソードを思い出してください。

「あっ！　これ、チキンカレーね」くらいに思えば、気持ちが楽になるでしょう。

相手に共感しながら話を聞くときでも、自分の価値観を変えなくていい。

しかし自分の考えを持ちながら聞いていると、相手に反論したり、アドバイスしたりしたくなる自分が出てきてしまいます。だから一旦、脇に置いておくのです。

自分の考えは、そのまま持っていていい。自分を大事にしながら、相手も大事にするのには、3つのコツがあります。

3つのコツとは**「安心、受容、共感」**です。

まずは「何を言っても大丈夫」という、**安心した空気感や雰囲気を作ること。**

心理的安全性を確保するには、相手の話を否定せず、反論せず、アドバイスせず、**まずは聴く**ことが大切なのです。

この「まずは聴く」というのが受容です。

相手の考え、価値観、世界観をそのまま受け止めることです。

ところで、「聞く」と「聴く」では、漢字が異なりますね。

「聞く」は、門の中に耳があります。門は開けたり閉めたりができるものです。

つまり「聞く」は、自分の興味関心によって聞きたいことは聞くけれども、聞きたくないことには門を閉じてしまって、聞いているようで実は聞いていないこともあるというわけです。

「聴く」の由来は諸説ありますが、「耳＋目（目が横になっている）＋心」という説と、「耳＋十四の心」という説があります。

どちらにしても、耳だけでなく、**相手の表情や心理面などの非言語の部分にも注目しつつ、心を傾けて聴く**わけです。これが「傾聴《けいちょう》」と言われるものです。

傾聴しながら、相手の世界観をあたかも「他人事ではなく自分事」のように感じる、これが共感的な聴き方です。

「安心、受容、共感」を心がけていると、「聞く」というよりも**「聴かせていただく」**という姿勢に変化していきます。

「あなたの気持ちを聴かせてくれて、ありがとう」

「言いにくいことを話してくれて、ありがとう」

「この話を、私にしてくれてありがとう」

そんな感謝の気持ちが湧いてくると思います。

自己犠牲を強いて相手に合わせる会話ではなく、感謝の気持ちを抱きつつ、相手を本当に理解しようとする姿勢で話を聴かせていただく。


これができてくると、相手の話を聴きながら、相手の感情が動くのと同じように、自分の感情が動くのが理解できるでしょう。

それは相手にも伝わります。「自分の話をちゃんと聴いてくれる。自分の気持ちをわかってくれる」と思ってもらえるのです。

うれしいこと、楽しいこと、悲しいことや辛いこと、話題がポジティブでもネガティブでも、**相手の世界観に共感できると、お互いの心の距離感がグッと縮まります。**

気持ちがすれ違ってしまったときのリカバリー法

どれだけ手を尽くしても、人の気持ちを完璧に理解することは不可能です。人によってさまざまな価値観や考え方が存在する以上、すれ違いの瞬間はどうしてもやって来ます。

どうがんばっても起きてしまうのであれば、避けることにエネルギーを注ぐのではなく、確実なリカバリー法を知っていた方が得策です。

すれ違うことそのものが悪いのではありません。すれ違ったまま、溝が深まっていくことが良くないことなのです。

このすれ違いを、私は「雪だるま」にたとえています。

雪だるまは雪玉が小さいときなら、壊すことも溶かすことも比較的簡単です。

しかし、大きくなればなるほどどんどん硬くなって、手が届かなくなる大きさになると、溶かすことも難しくなるでしょう。

すれ違いは、小さいうちになんとかするのがベストです。リカバリー法のポイントは次のとおりです。

「自分が感じている今の気持ち」＋「本当はこうしたい（本心）」＋「教えて」

すれ違ってしまったとき、どうすべきかを考えるとき、その考えの矢印は相手に向かいがちです。しかし、まずは自分に矢印を向けてください。

すれ違ってしまったということは、「反論したい」「自分を正当化したい」「認めたくない」など、自分の中に相手とすぐに仲直りできない、素直になれない何かが存在しています。相手に矢印が向いていると、この「何か」に気づけないのです。

まずは、**自分が「今」何を感じているか**に目を向けてください。

すれ違ってしまったことで、悲しさを感じているのか、寂しさを感じているのか、嫉妬や悔しさを感じているのか……。自分の中のネガティブな感情を一旦受け止めてあげることです。

次に**「本当はこうしたい」という、本心を考えてみてください。**

「本当は仲直りしたい」「本当は謝りたい」「本当はもっと良い関係を築きたいと思っている」……などです。

もしすれ違ったままでいいと考えているのなら、悩むことはないでしょう。悩みの背後には、隠された本心があるはずです。

今の気持ちと本心を把握したら、それを相手に伝えて、相手の気持ちを教えてもらいましょう。

すれ違っているときは、相手の気持ちをわかろうとしても、わからないものです。そもそもわかっていたなら、すれ違っていないわけです。どんなにがんばってもわからないのなら、素直に教えてもらった方がいいのです。

次のAとBのセリフを比べてみてください。

A　「このままじゃ良くないと思うから、ちゃんと話をしようよ」

B「この前はごめんね。最近連絡する機会が減ってしまって、本当は寂しくて仲直りしたいと思っているの。でも、この前は自分が感情的になってしまって、ちゃんと話を聞かなかった。あなたの話を聞かせてもらいたいと思っているから、気持ちを教えてもらえる？」

Ａのセリフも悪いわけではありません。しかしこれだと、相手から「もうこれ以上、あなたと話をすることはありません」と言われがちです。

相手と話をする前に、自分とちゃんと向き合ったかどうかによって、ＡとＢのセリフの違いが生まれているのです。**すれ違ってしまったときは、実は相手と以前よりも深くつながるチャンスでもあります。**

どうやって自分と向き合いながら、相手と幸せな関係を築くのか？

その具体的な方法については、第６章で詳しくお伝えしていきます。

第5章

心の距離を縮めたい、心を動かしたい人への対処法

「関係を深めたい、発展させたい」縮めたい距離

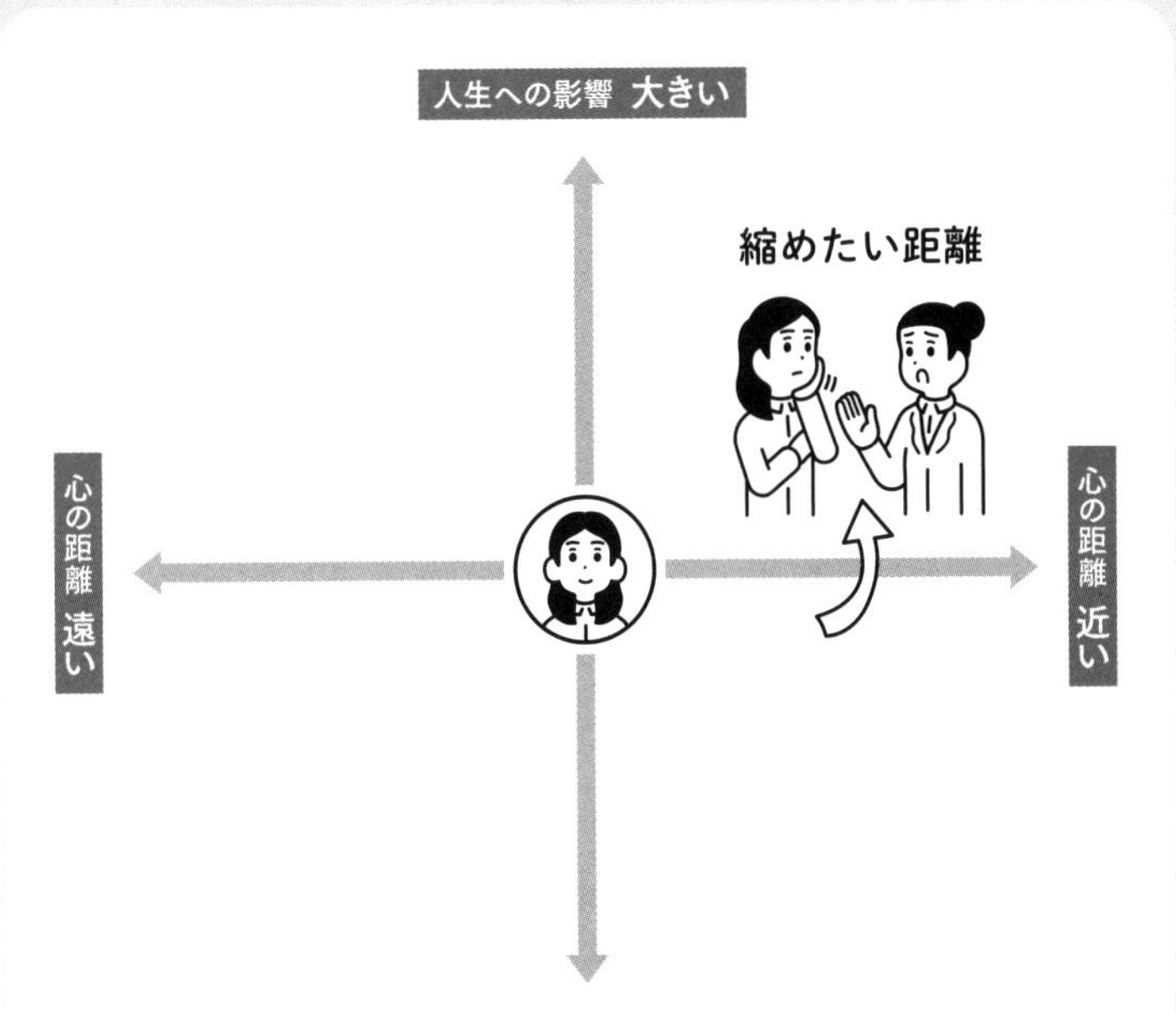

人を動かすには、「心の距離を縮める」＋「相手の感情を動かす」

コミュニケーションの目的は、自分と相手との関係性によって変わってきます。

相手が距離を置きたいママ友なのか、距離を近づけたい友達なのか、あるいは嫌われても好かれなくてもいい職場の上司や同僚なのか、より深い関係になりたいプライベートのパートナーなのかによって、求める効果が違ってきます。

あなたがリーダーの立場だとしましょう。

リーダーなら、相手と良好な関係を築くことはもちろん、相手を「行動レベルで動かす」ことが必要になるでしょう。

人は理屈だけでは動きません。「感情が動いて、はじめて行動する」と言われます。**相手を動かそうと思うのなら、相手の感情を動かす必要があるのです。**

「いやいや、自分はリーダーじゃないから、関係ないです」と思った方がいらっしゃるかもしれません。しかし、もしリーダーの定義が**「誰かと一緒に何かをする人」**だとしたら、そんなあなたにも当てはまるのではないでしょうか。

職場で部下や後輩がいる人だけでなく、部活やサークル、アルバイト、ボランティアや趣味のグループ、地元のコミュニティなどでも、誰かと一緒に何かをしている人はリーダーと言えるのです。専業主婦だとしたら、家庭のリーダーです。

ここでいうリーダーは、「なんらかの役職やポジションを与えられている人」に限定されません。

リーダーシップというと、「人の先頭に立って、メンバーを導く人」というイメージを抱くことでしょう。しかし、その本質は**「他の人への影響力」**にあります。

こう考えると、誰でもきっと、誰かと一緒に何かをしていて、周りになんらかの影響を与えているはずです。

そういう意味で、このリーダーの定義に当てはまらない方はいらっしゃらないのではないかと思います。

この章では、**「人を動かす」**をテーマに、職場でのマネジメントはもちろん、悩みや問題を解決したり、望みを叶えたり、目標を達成するために必要なことをお伝えしていきます。

人を動かすとは、相手の感情を動かすことだとお伝えしました。相手の感情を動かすには、相手との「心の距離を縮める」ことが必要です。

つまり**「心の距離を縮める」ことと、「相手の感情を動かすこと」、この2つを同時に行うことが大切なのです。**2つを同時にだなんて、難しく感じるかもしれません。しかし重要なヒントがあります。それは、**ネガティブな感情**です。

一般にネガティブな感情は嫌なものだと受け止めて、無視をしたり、感情にふたをしたりする人が多いかもしれません。

この**「嫌だ」と感じる感情こそ、悩みを解決し、現状を打破するカギを握っているのです。**

次の項目で、詳しく解説します。

イライラの感情を手がかりに、相手の才能を見つけよう

私が感情に関する相談や質問で、一番多くいただくのは何だと思いますか？

それは、**「イライラ（怒り）をなんとかしたい」**です。

感情コンサルタント®として、私が最も得意とするのが**「ネガティブな感情をギフトに変える」**なのです。

特に職場で体験するイライラは、あなたの**「隠れた才能の表れ」**であることが多いのです。

これだけではピンとこないでしょうから、簡単なワークをやってみましょう。

職場でイライラしたことを思い出してみてください（最近のことでも、過去のことでも大丈夫です）。

次の2つの点について、考えてみてください。

●あなたは**「何に」**対して、イライラしたのでしょうか?

●あなたは**「なぜ」**、イライラしたのでしょうか?

まったく同じ出来事に対しても、まったく同じ相手に対しても、**人によってイライラポイントが異なります。**ここに「才能のヒント」が隠れています。

私の例をお伝えしましょう。私が職場でイライラするのは

「なんでそんな言い方するの?」

「そういう言い方するから、やる気をなくすんだよ」

というように、その人が使う言葉が気になることが多いのです。

私にとってのイライラポイントは、人が使う「言葉」「言い方」「伝え方」です。

言葉の力は人を輝かせ、勇気づかせ、癒やすこともできることを私は知っています。言葉が相手に与える影響力がわかるからこそ、言葉に対して敏感なのです。

「なぜ、イライラするのか？」の理由は、理想の状態が見えている、わかっているのにもかかわらず、目の前で真逆の事態が起きているからです。

だからこそ、自分の感情が大きく動くのです。

つまり、ここで自分の才能の存在がわかるのです。

もうひとつ、私の別の例をお伝えします。

職場の上司とランチに行ったときの話です。

「これ、まずい（おいしくない）」

と、上司はポツリと言って食事を残してしまいました。

私はまずいと感じるどころか、むしろおいしいと思ったので

「そうですか？　おいしいですよ」

と言いながら、完食しました。

料理の才能がある人は、ちょっとした塩味や酸味の加減、微妙な違いにもすぐに気がつきます。ほんのわずかな差異が、「おいしい」につながるのです。

私には料理の才能がありません。才能がないので、このちょっとした違いに気が

つきません。気がつかないから、気にならない。気にならないから、イライラしないのです。

音痴な人は、歌の上手い下手がわかりません。なぜなら、半音のズレやリズムが少し外れているとか、そんな細部に気がつかないし、気にならないのです。

「なぜそんなやり方するの？」——と、「やり方」にイライラする人は、「効率化」に才能があるのかもしれません。

「なにこの資料？」——と、会議やプレゼンの資料にイライラする人は、わかりやすく要点を的確に伝える「資料作成」に才能があるのかもしれません。

「なにこの研修？」——と、研修に対してイライラする人は、「人材育成」に才能があるのかもしれません。

先ほどのワークで、あなたは「何に」イライラしたのでしょうか？

イライラの対象から、あなたの才能が見つかるかもしれないのです。

この話をすると、「いや、そんなはずありません。自分には才能なんてありませんから」という方がいらっしゃいます。しかし、**才能は認めることで磨くことができるのです。**

自分で否定する前に、「もしかしたら、才能かも?」と自問してみてください。

少し気恥ずかしく、恐れ多くて、最初は受け入れられないかもしれません。

しかし、「もしかして、そう言われてみると本当かも……」と、思った**自分自身の才能のカケラを、認めて育ててあげて欲しい**のです。

イライラの感情は相手を伸ばすヒント

最初はくすぐったくても、そのうち「そうかもしれない」と思えるようになります。そして、「そうかもしれない」が、そのうち「普通」になるのです。

普通になってきたら、そのうち「当たり前」になり、それが「自信」に変わります。

イライラを自分でコントロールして、「なかったこと」にしないでください。

「もしかしたら、才能のヒントかも?」と思うと、イライラに対する見方がガラリと変わり、イライラの意味も変化するのです。

イライラから才能が見つかったら、そのイライラの原因となった人を思い出してみてください。

イライラが発生したときは、「なにこの人！」という位置付けで、自分にとって苦手な人、あるいは嫌な人だったかもしれません。

しかし才能が見つかった後に、もう一度思い出してみると、その人は**「自分に才能を教えてくれた人」**に変わっていることに気づきます。あなたが自覚していなかった才能の存在に気づかせてくれたのですから、「ありがとう」という感謝の気持ちが湧いてこないでしょうか。

イライラから才能が見つかると、「なにこの人！」という嫌悪感が、「才能を教えてくれてありがとう！」という感謝の気持ちに自然と変わっていくのです。

さらに、**自分の才能に気がつくと、人の才能が見えてきます。**

「あの人、何にイライラしているのだろう？」

「あの人のイライラって、どこからきているのだろう？」

と想像してみるだけでも、相手の才能のカケラを察知できるでしょう。

もしあなたが職場のリーダーならば、部下のイライラからその部下の才能に気づくことでしょう。部下がその才能を発揮しやすいように、マネジメントを工夫することにつなげればいいのです。

もしあなたが子育て中の親ならば、子どものイライラから子どもの才能がわかることでしょう。子どもの才能をたくさん見つけてあげてください。そしてその才能を伸ばせるよう、サポートしてください。

一見ネガティブなイライラの感情は、相手の隠れていた才能に気づかせ、人を活かして伸ばすヒントを教えてくれる貴重なものなのです。

イライラの感情を手がかりに、相手の才能を見つけ、それを認めて伸ばす姿勢を取りましょう。すると、相手との距離は縮まり、相手の感情が動くようになるでしょう。

未来のポジティブな感情を「今」感じて、行動のエネルギーにしよう

願望実現、起業やビジネス、目標達成、人間関係、パートナーシップ……、誰しも生きていれば悩みは尽きません。しかし、すべての悩みに共通していることがあります。

それが**「感情」**です。

だからこそ、私は感情を何よりも重視しています。あらゆる病気に効く万能の薬を求めるように、すべての悩みに効く対処法があったらいいなと思いませんか？

感情コンサルタント®として活動している私は、セッションやセミナーなどを通して、のべ3200人のお話を聞かせていただきました。そうした経験をふまえて、誰でも気がつく、悩みを解決するポイントをひとつお伝えします。

それが**「感情の時間軸」**です。

あまり聞き慣れない言葉だと思いますので、説明しましょう。

感情には、**「過去の感情」「現在の感情」「未来の感情」**が存在します。

人が悩んでいるとき、大抵は「どこか特定の時間の感情」に偏っていることが多いものです。相手の話を注意して聞いていると、どの時間軸の感情にとらわれているかがわかります。

例えば、過去の感情に傾いているなら、**過去の失敗や経験**にとらわれています。

「あのときもダメだったから、きっと今度もうまくいかない」

「二度とあんな辛い思いをしたくない」

「あのときのことが、許せない」

このような過去の感情にとらわれているような場合、「もう終わったことなのだから、忘れたら」と簡単に片づくことではありません。

未来の感情に傾いていると、**不安や恐れ**にとらわれているケースが多いです。

「失敗したらどうしよう」
「お金がなくなったらどうしよう」
「地震や台風など、何か不測の事態が起きたらどうしよう」

未来を想像して、リスク回避をはかることは大切です。しかし、あまりにも未来の感情に過剰にとらわれてしまうと、「まだ起きていないこと」に対する心配にエネルギーをかけすぎてしまい、その結果、目の前の行動ができなくなってしまうこともあります。

「過去や未来のことを、考える必要はない」と言っているのではありません。

過去と未来のバランスが取れているか、どちらかに偏っていないかを見極められているかが大切なのです。

過去の失敗について分析し、未来へのリスク回避も頭に入れながら、「今どうするか」を考えて取るべき行動を選択する。

このように、過去と現在と未来のバランスが取れていることが重要なのです。

もし、特定の時間の感情に偏っていることに気づいたら、**「真逆のこと」**を考えてみましょう。

過去のネガティブにとらわれているなら、未来のポジティブを考えてみるのです。自分の望みが叶ったときのイメージを描いてみたり、理想を自由に描いて、ワクワクする気持ちを味わいましょう。

未来への恐れにとらわれているなら、**過去のうまくいったこと**を思い出してみましょう。自分に足りないもの、欠けているものに不安を感じているなら、**すでに手に入れていることや、満たされていること**に目を向けてみてください。

真逆の要素を自分の中に取り入れると、視点が変わり、見えてくる世界も変わってくるのです。

あなたの周りに悩んでいる人や行き詰まっている人がいたら、その人の感情の時間軸に注目してみてください。

あなたが何かアドバイスをするときは、相手の話を十分に聴いたうえで、その方が**とらわれている感情とは真逆の要素**について考えられるように、声をかけてあげると効果的でしょう。

少し具体的に説明しましょう。

人は、過去の感情に強くとらわれると、今この瞬間、行動できなくなるときがあります。

先ほどお伝えしたように、過去の失敗のせいで「また同じことを繰り返したくない」という気持ちから、身動きができなくなるのです。


この過去の感情には、何か**きっかけとなる出来事**があったはずです。

ここで考えていただきたいのは、この出来事は、**今この瞬間には起きていない**ということです。今起きてはいない。しかし過去の心の痛みが思い出されるので、行動にブレーキがかかるのです。

つまり、**人は「今」起きていない感情に影響される**ということです。

時間軸を過去から未来へ変えてみる

ここで視点を変えてみましょう。

過去の今起きていない感情にとらわれて動けないのなら、**未来の今起きていない**

感情に基づいて動くこともできるのではないでしょうか。

過去の感情にがんじがらめになって動けないとき、一体何が起きているのでしょうか。過去の痛みや苦しみが、さも今起きているかのようにありありと思い出される。そのときのネガティブな感情が、今経験しているかのように感じられるのです。

それなら、この逆を実践してみましょう。

理想の未来が叶ったという前提で、さも今起きているかのようにありありとイメージしてみる。そのときの**ワクワクや感謝の気持ち、喜びなどのポジティブな感情を、今経験しているかのように感じられるまでイメージしてみる**のです。

例えば、経済的な余裕を手に入れたいと思ったとしましょう。

あなたは起業したり副業を始めたり、もしかしたら趣味や大好きなことをビジネスにしているかもしれません。

「理想が現実に叶った場面を具体的にイメージしてください」

私が個人セッションのときにこうお伝えすると、〝具体的の度合い〟が人によって随分と差があります。

「イメージできました！」とおっしゃる方でも、「では、お客様やあなたのサービスを受け取る人からどんな言葉をもらっていますか？」と聞くと「えっ？　言葉？そこまでは考えていませんでした……」という方がほとんどなのです。

あなたがもし、仕事で契約が取れたとしたら、その相手からどんな言葉をかけられているでしょうか？　どんな気持ちで、どんな表情で上司に報告しているでしょうか？　上司はあなたに、どんな言葉をどんな声色でかけてくれるでしょうか？

五感をフルに使って、細部にわたってリアルにイメージして欲しいのです。

何かの大会で優勝したとしましょう。そのときどんなアナウンスが流れ、どんなメダルや賞状を受け取り、インタビューでは何を聞かれ、何を話しているでしょうか？　そのときの観客の歓声は？　観客席には誰が応援に来てくれているでしょうか？　一緒に厳しい練習を耐えてきた仲間は、何と言ってくれるでしょうか？

都会のざわめき、車が通るクラクションの音が耳に入るかもしれません。自然の中なら風で木の葉が揺れる音、海の波の音や潮の香り、ランチの味、フォークやナイフを使ったときの感覚、お店に流れているBGM……見えるもの、聞こえるもの、感じるものすべてについて、五感を使って細部にわたるまでイメージするのです。

具体的にイメージできたとき、きっとあなたの心は動き出します。

お客様や今まで応援してくれた人、支えてくれた方への感謝の気持ち、目標を達成できた喜び、目指してきた場所にようやく今立てたことで味わううれしさ……泣きそうになるくらい（あるいは本当に泣くくらい）幸せな気持ち、感情がこみ上げてきます。

もし、あなたの感情が動かないのなら、ぼんやりと「こうなったらいいな」くらいしかイメージできていなくて、具体性が足りないのかもしれません。

喜び、感謝、うれしさ、幸せ……そうした感情で文字どおり胸がいっぱいになるのが、未来のポジティブな感情を今経験するということです。

「未来の感情」を感じられると、それが行動のエネルギーになります。

願望が実現した、望んでいたものを手に入れられた。

そんな未来の幸せに対して、感謝の気持ちがあふれてくることでしょう。すると、未来への希望を糧にして、「今」動くことができるようになるのです。

「相手の未来」を強く信じて、未来のポジティブな感情で動かそう

あなたがもし人を動かしたいと思うのなら、**まず目の前の人の才能と可能性を本人以上に強く信じてください。**

世界的な大会で優勝するような大きな実績を残し、多くの人々を感動させてくれた舞台の裏側には、選手一人ひとりの可能性を本人以上に強く信じた、監督やコーチの存在があります。

こうした**強い信頼のもとに、「感情の時間軸」「未来の感情」を活用していきましょう。**スポーツの世界を例にして、説明していきます。

目を閉じて、試合が終了したときのことをイメージしましょう。

高校野球の甲子園が舞台ならば、ピッチャーの投げた最後のボールがキャッチャーのミットにおさまり、打者は空振り三振。満面の笑みでみんながピッチャー

のもとに駆け寄っていきます。

試合終了のサイレンが鳴り響き、スタンドからの大きな歓声は止む気配がありません。今起きていることが夢ではないことを証明するスコアボード、一列に整列した仲間たちと歌う校歌、照れくさいヒーローインタビュー、監督の胴上げ、そして晴れ晴れしい表彰式……。

こうしたイメージトレーニングは、何もアスリートだけのものではありません。


会社であれば、売上目標などを全社で共有することでしょう。

恥ずかしながら正直に申し上げますと、私は会社員時代に、今期の目標や今月の目標を上司から共有されても「さようでございますか」「はいはい。わかりました」というくらいで、なんだか他人事のように捉えていた時期がありました。

その理由を考えてみると、会社の未来と個人の未来が離れていると、そうした目標は自分とは関係ないことに思われて、「自分事」として捉えられないのです。

会社の未来をイメージするということは、メンバーみんなが同じビジョンを見るということです。メンバー一人ひとりの可能性を信じて、目標を達成したときの姿をイメージする。

目標を達成したときに、何が起きているでしょうか？

念願の社長賞を受賞して、他の支店からは「どうやって目標達成できたのですか？」と質問攻めにあって、少し照れながら答えます。自分の実績が評価されて、うれしいことに給与や賞与にも反映されます。会社の未来が個人の未来に結びつくのです。

収入が今より増えたら、何をするでしょうか？

家族と旅行をするなら、どこに行って、どこに泊まるでしょうか？　大切な人へのプレゼントには何を選ぶでしょうか？　プレゼントと渡す場所はどんな景色で、相手はどんな言葉を返してくれるでしょうか？

会社の目標達成を通して、世の中にどんな貢献ができたでしょうか？

「すでに夢や目標が叶っているとき、何が起きているか？」

これを考えると、楽しくてワクワクしてきます。社内研修で、マネージャーやリーダー層の方々と一緒にビジョンを考えるとき、私も本当に楽しくて、ワクワクする時間を一緒に過ごさせていただいています。

優秀なリーダーなら、人事面談の場で部下が自分で考えて、自分自身と向き合い、自分で答えを出せるように促す質問をしながら、「未来のビジョン」を部下と共有しながら一緒に見ることができます。

子どもに対しては、過去の感情と未来の感情をうまく活用してみましょう。

親　「あのとき、これだけ勉強して100点が取れたよね。そのときのことは覚えている？　今回もこれだけ勉強したからきっと大丈夫！」（過去）

子ども「もし100点が取れたら、何か買ってくれる？」

親　「何が欲しいの？」

子ども「今はやっているゲームが欲しい！」

親　「もしそのゲームを買ったら、誰と一緒に遊ぶ？　それ、どんなふうに遊ぶゲームなの？」（未来）

あくまでわかりやすくするための例であって、報酬と引き換えに勉強をさせることの賛否の議論は一旦、置いておきます。

この会話では子どもの可能性を信じ、100点が取れた前提で話をしています。

望みが叶った後の未来の楽しさやうれしさがイメージできたら、そのワクワクを現実のものにするために、子どもはがんばることができるでしょう。


本人が「できる」と思っている基準から、110パーセントや120パーセントくらい上のレベルのことを、**「あなたならできる!」**と伝えるのです。

相手は「もしかしたら、できるかもしれない」「もう少し、がんばってみよう」という気持ちにきっとなることでしょう。自信をなくしてしまっているときなら、本当はもっと力を持っていることを思い出してもらうきっかけにもなります。

相手が思う以上に相手の未来を信じてあげる

「目標を達成したら、どんなことが起きているか」を言語化すると、まだ体験したことがない世界を垣間見ることができます。望んでいることがより明確になって、イメージを通してその世界を体験できるようになります。

新たに見えるようになった世界を手にすることは、十分可能になるのです。

それを受け取る価値があなたにはあることを、相手に伝えてあげましょう。

「自信がないし、自分のことは信じられない。だけど、この人の言うことなら信じてみよう」

自分を信じることはできなくても、**大切な人や尊敬する人の言葉なら、素直に受け取ることができるときがある**からです。

自分以上に未来を信じてくれる人の存在は、とても大きな支えと力になります。

この大きな力で、未来を見せてあげてください。

グチから相手の本音を探し、ポジティブな方向に変えていこう

グチや悪口は言わない方がいい。もちろん、そのとおりだと思います。そのとおりではありますが「人生いろいろ」ですから、どうしてもグチを言いたくなるのが人間です。

グチを一切言わないような、心の広い「できた人」でありたいと願いながらも、そうはいかない自分自身に思わずグチをこぼしたくなる……みなさんもそんなご経験があるのではないでしょうか。

どうしても言いたくなるのが人情なら、**グチをポジティブに変えればいい**のです。「私は失敗したことがない。うまくいかないやり方を一万通り見つけただけだ」というエジソンの言葉のとおり、ポジティブに変換すれば、グチがグチでなくなります。

さて、相手があなたにグチをこぼしたとき、その**グチは相手の本音、相手が最も大切にしているもの、相手の「本質」を知るチャンスでもあるのです。**

同じ場面に遭遇しても、グチを言う人と言わない人がいます。

グチを言わない人は、ストレス耐性が強いとか我慢強いとか、心では思っていても口には出さないだけ……など、いろいろな理由が考えられそうです。

しかしグチをあなたに言うということは、あなたを「グチを言っても大丈夫な人」「安心できる関係を結べている人」と相手が考えている証拠です。

安心できる関係にある人に対して、人は本音を漏らします。

前述した、「イライラから才能を見つける」こととも少し似ていますが、相手が何に対してグチを言っているのか、**「グチの背景」**を探してみましょう。

どうでもいいことに対して、人はグチをこぼしません。こだわりのないことは、気にならないからです。

心から大事にしていること、その人の本質、その人の人生の目的に関わるくらいの大きなことに、人の心は反応します。

大人ですから、グチが良くないことは頭ではわかっています。それだけに、何日にもわたって何度もグチってしまう、それなのに全然スッキリしない……。それは、本当に大切なものがひっかかっているからです。

グチから自分の大切にしていた価値観に気づく

私のクライアントさんで、ご近所の人たちとの関わり方について、相談に来られた方がいらっしゃいました。

その方には小学生のお子さまがいらっしゃって、毎日、班単位で登校したり、下校したりするそうです。

ある時期、朝の準備で探し物をしていたり、下校しようとしたら先生に呼ばれたりして、同じ班の子が待ちぼうけになることが何回か続いたそうです。1回ならまだしも、重なったこともあって、待ちぼうけになった子のお母さまが、「今後は気をつけて欲しい」と自宅までお話に来られたそうです。最初は普通の話をしていたのですが、相手のお母さまがポロッと「あなたはシングルマザーで、そんな自由な育て方をしているから……」と子どもの育て方について非難めいた指摘をしてきたそうです。

「ご近所さんだから、うまく付き合っていかなければいけません。確かに迷惑をかけたかもしれないけど、何度もきちんと謝りました。親同士の関係のせいで、子どもがやりにくくなるのも困ります。どうしたらいいかをいろいろな方と相談して、何度か相手と話し合いをしたけど、全然話にならない。どうしたらいいでしょうか」というのが、その方のご相談でした。

相談に来られた当初は、困った気持ちと同時に「問題解決のためにこんなに自分が動いてきたのに、一向に改善しない……」という追い詰められた心境から、相手に対するグチをこぼしていました。しかし、このような状況でグチをこぼすのは、至って当然のことだと思います。

さて、このグチについて、「何がそんなに気になるのか?」「何がそんなに嫌なのか?」「何がそんなに腹が立つのか?」を聞いてみました。

すると、最も心が反応したのは「子どもの育て方」だったのです。
その方は、たとえ相手が子どもであっても、その人の考え方や価値観を尊重するようにしていました。子どもの多様性を重視し、子どもが将来、さまざまな価値観を尊重できる人に育って欲しいと思い、子育てをしていたのです。

実はこの方は、普段から人それぞれの考え方や価値観を大切にする、多様性を尊重する仕事やボランティア活動をしており、そこにひとかたならぬ情熱を注いでいらっしゃいました。他者のさまざまな価値観を尊重することこそ、この方の本質であり、人生の目的と言っても過言ではありません。

何日もグチを言い続けたくなるほど心に重く残り続けたのは、それだけ多様な価値観の尊重を自分自身が大切にし、こだわっていたからだということに、あらためて気づいたのです。そこに気づいた瞬間、自分の価値観を大事にしつつ、ご近所のお母さんは自分とは違う価値観を持った方なのだと、割り切ることができました。

このように、**グチの背景にはその人の本音、もっと言うと人生の目的が隠れてい**

るのです。グチをヒントに、その人が大事にしている価値観、考え方を知ることができます。

ネガティブをひっくり返すと「やりたい」が見つかる

近年、「エンゲージメント」という従業員が組織に愛着を持ち、従業員と企業が一体となって相互に成長し合う関係性が注目されています。このエンゲージメントを高めるには、企業の理念やバリューと従業員個人の働く目的を一致させることが重要だと言われています。

企業側のビジョン、ミッション、バリューは明確になっている一方で、従業員の価値観や働く目的、モチベーションの源泉は、本人自身すら自覚していないことも多く、明文化されているわけでもありません。

このような状況で多くのリーダーが困っているのは、上司と部下の1on1面談を実施しても、部下が何をやりたいのか、心から大事にしているものは何なのか、部下本人がわかっていないということです。それがわからなければ、そもそも会社の方向性と一致させることは土台無理な話です。会社がいくら立派な理念や目的（パーパス）を設定しても、部下の立場からするとなんだか他人事にすぎません。これでは、どんなに立派な理念や目的（パーパス）があっても社内に浸透しません。

では、どうすればいいのでしょうか。

やりたいことがわからない人でも、**ネガティブなものはわかる**という方は多いものです。そこで、**ネガティブをひっくり返してみましょう。**ネガティブをひっくり返すには、「短所を長所に変える」をイメージするといいでしょう。

例えば、次のようなことです。

◎毎日同じ仕事は飽きる　↓　変化のある仕事、クリエイティブな仕事がしたい
◎人と接する仕事は苦手　↓　自分ひとりで完結できる仕事に就きたい
◎仕事を教えてもらえないのが嫌　↓　マニュアルがあると動きやすい
◎指示を細かく受けて、上司のお伺いを立てながら仕事を進めるのが苦手
↓　仕事をある程度任せてもらい、自分の裁量で働きたい

あなたの周囲の人――同僚や部下、コミュニティのメンバー、子ども――のグチに注意してみてください。

その「グチのおおもと」から、その人の価値観や大事にしているものが、きっと見えてきます。

相手の価値観や大事にしているものがわかれば、その人が何に喜びや達成感を感じるのか、逆に何にやる気をなくすのかがわかります。そうすれば、その人が輝ける場所を用意してあげたり、力を発揮できる環境を整えてあげやすくなるでしょう。

グチをグチで終わらせてはいけません。

相手の本音をつかんで、目標達成やモチベーション、エンゲージメントの向上につなげていきましょう。

その時点で、グチはグチではなくなるのです。

「あの人、許せない」は、自分の価値観を見直すチャンス

人間関係でうんざりするのは、「あの人のこういうところが嫌い」「こういうところが許せない」という思いがあって、「放っておけばいい」と頭ではわかっていながらも、やはりイライラやモヤモヤが止まらないときではないでしょうか。いちいち気にしてしまう自分自身に対しても、嫌になってしまいますね。

この「あの人、許せない」問題を誰かと会話しているときに、時々「そう？　そんなに気にならないけど……」という人がいて、「えっ？　気にしているのは自分だけ？」と驚いた瞬間はないでしょうか？

自分は気になるけれど、気にならない人もいる。これはなぜなのでしょうか？

「あの人、許せない」の源泉は、自分の中にある「○○すべき、○○しなければな

らない」です。

自分が「こうすべき」と思っていることとは、違うことをする人がいるからこそ、イライラ、モヤモヤするのです。

「あの人、許せない」と感じたら、自分の中に「○○すべき」「○○しなければならない」がないか考えてみてください。

この「○○すべき」という源泉が見つかったら、あなたはここでそれを「手放す」か、「大切に持ち続けるか」を選択することができます。

例えば、あまり深く考えずに行動する人がいたとします。考えないで動くので、周りが振り回されたり、ときには失敗したりしてしまうのです。

「ちゃんと考えてから、行動に移すべき」

「最初にしっかりと計画を立てておくべき」

このように思っている方は、相手の「考えない」ということに、イライラ、モヤモヤするでしょう。

「周りに迷惑をかけてはいけない」と考えている人は、人が振り回される状況に対してネガティブ感情が働きます。

「失敗してはいけない」と考えている人は、途中までは傍観者として静かに見守っていたとしても、いざ残念な結果が出た時点で「他のやり方をすれば、失敗しなかったのに……」と思うでしょう。

「許せない人」が「ありがたい人」に変わる

見つかった「〇〇すべき」を手放した方が楽になれるのなら、手放しましょう。完璧主義からさよならするのです。

手放すための方法は、「〇〇すべき」「〇〇しなければならない」を「〇〇してもいいし、しなくてもいい」に変えることです。

「どちらでもいい」と思えるだけで、気持ちが随分と楽になります。

逆に手放したくないと思うのなら、それは自分の大事な価値観としてそのまま持っておけばいいのです。自分の価値観と相手の価値観が違っていた、というだけです。自分の価値観を変える必要はなく、相手との違いを理解すればいいのです。

前の項目で登場した、ご近所の方のことで悩んでいるシングルマザーの方は「子ども一人ひとりの価値観や多様性を尊重すべき」という考えを持っていました。この考えは彼女にとって手放したくないものだったので、そのまま大切に持ち続けることになりました。

この「〇〇すべき」で、自分が手放したくないと思うことは、自分の本質や才能に結びついていることが多いのです。

「〇〇すべき」が見つかったら、手放して楽になる。もしくは自分の才能や本質に気づく。どちらにしても、より幸せに生きるチャンスです！

「あの人、許せない」に遭遇したら、その気持ちの源泉が何かを考えてみましょう。もしあなた以外の誰かが、イライラ、モヤモヤしていたら、その人が楽になったり、本質や才能に気づくきっかけになるかもしれません。

本人の気持ちが楽になったり、意識していなかった才能や本質に気づくことができたりしたら、**「許せない人」は、大切な価値観を認識させてくれた「ありがたい人」に変わります。**

すると、許せない気持ちを自然に感謝へと変えることができるでしょう。

心は寄り添い、頭は客観性を保ちながら問題を解決していく会話術

ひと口に「会話」といっても、いろいろな種類があります。世間話や雑談、友達との深い意味はなくとも楽しい会話、商談など……。それぞれ、会話の内容も雰囲気も随分違うものです。

それらの中でも特に、状況を好転させて、相手との距離感を縮めてくれるのが、悩みの相談や職場やビジネス上での課題についての**「問題解決」のための会話**です。

問題を解決するために、重要なポイントは次の2つです。

ポイント①——会話の流れ

ポイント②——頭や心の中での相手との距離感

■コーヒーカップモデル

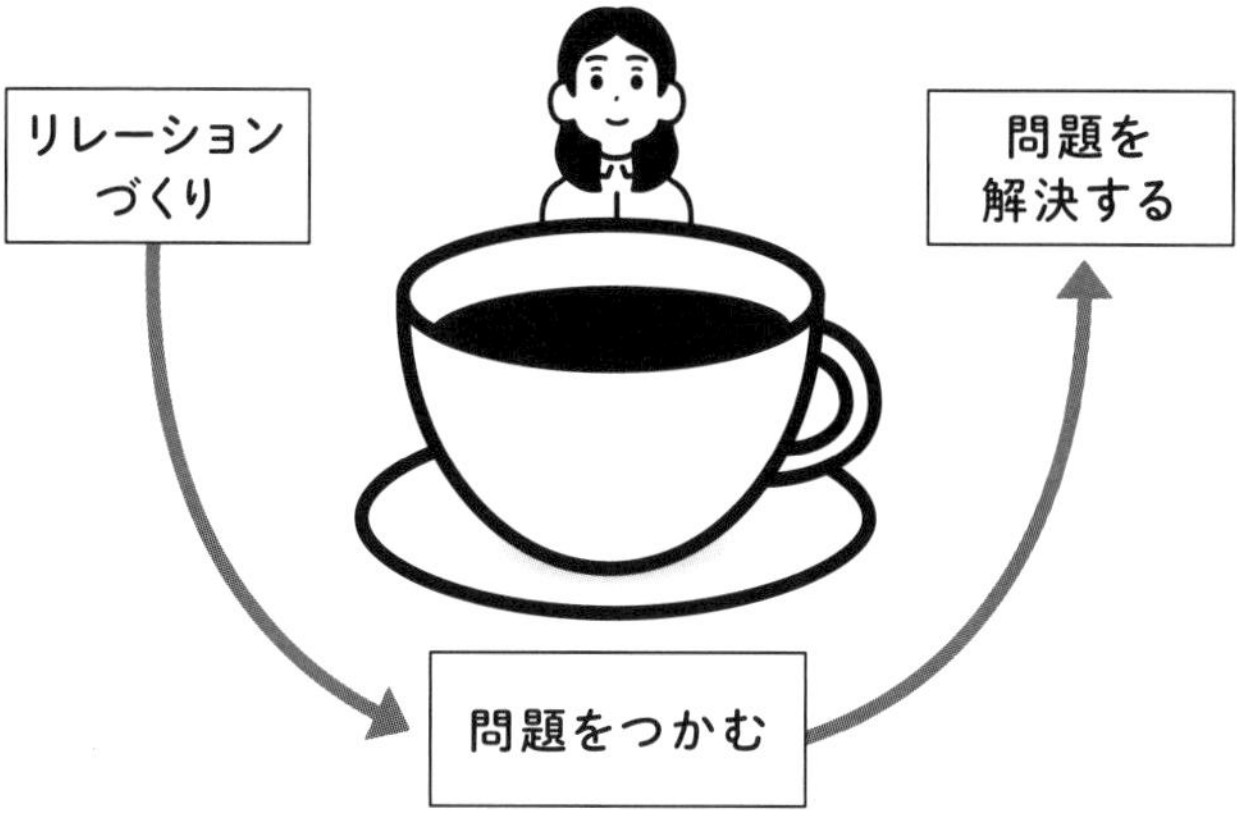

心理学者の國分康孝氏が提唱したカウンセリングモデルである「コーヒーカップモデル」を使いながら解説していきましょう。

コーヒーカップモデルは「リレーションづくり」「問題をつかむ」「問題を解決する」の3つのプロセスで構成されています。図にすると、コーヒーカップの断面のように見えることから、このように名づけられました。

このコーヒーカップモデルをもとに、相手との距離感（頭と心）について、私の考えを追記しながらお伝えしていきます。

リレーションづくり

まずは、相手との関係構築です。

自分が嫌いな人や信頼できない人に、相談しようとは思いませんね。

上司との面談などで話をする機会があったとしても、その上司との間で関係構築ができていなければ、もしかしたら思っていることの半分しか話さず、残りは自分の心に留めておくこともあるでしょう。

相手から「この人なら本音を言っても大丈夫」「この人なら相談できそう」と思ってもらうことが重要です。

相手がどれくらい本音を話してくれるかは、この関係構築がどのくらいできているかに比例して決まるのです。

相手との距離感を縮めたければ、相手と同じ心の立ち位置で、相手を受容・共感し、相手の世界そのものを自分のことのように感じることが大切です。

問題をつかむ

関係構築ができたら、次は問題をつかむステップです。

逆に言うと、関係構築ができていなければ、問題の本質を把握することは難しくなります。相手が持っている情報を出してくれなかったり、本音を話さずに建前だけで終わってしまうこともあるからです。

「問題」は2つの種類に分けられることを、知っておいてください。

問題①——本人が自覚している課題

問題②——本人が気づいていない課題

問題を解決するには、問題②の本人が気づいていない課題を**「いかに発見して」「いかに共有するか」が非常に重要です。**

問題②に気づかず、問題①のみの会話で終わってしまうと、話を聞いてもらってスッキリしたけれど、問題は解決しなかった……ということになりがちです。また、問題②を冒頭からストレートに伝えると、**正論に対する心理的抵抗**が生まれ、素直に受け入れられないことがあるのです。

話を聴かせていただきながら、同時に問題②の課題を把握し、かつ本人が自ら気づく、あるいは受け止めてもらいやすくするためには、**序盤・中盤・終盤で会話に流れを作る**のが効果的です。

質問をしながら、どこに問題があるのか、偏っている視点や見落としている視点はないか？　これまで何に取り組んできて、何にまだ取り組んでいないのか？　などについて掘り下げていきます。

ここで重要なのは、心での距離は相手に寄り添いながらも、頭の中では客観的な距離感を保つことです。

頭の中も相手の距離感と一緒になってしまうと、相手と同じように悩むことになります。相手からすると、話をじっくり聞いてくれて心が少し救われた、人に話をすることで気持ちがスッキリしたということになるかもしれません。

しかし残念ながら、問題解決までには至らずに終わるケースになりがちです。

問題を解決する

関係を作り、問題を把握できたら、いよいよ問題解決です。

問題がわかれば、解決に役立ちそうな情報を提供したり、具体的なアドバイスや助言をしたり、目標設定や具体的な行動計画を立てたりして、解決策も見えてくるでしょう。

このときも心の距離は相手に寄り添いながら、頭の中では論理的な視点が必要になります。

「心では相手に寄り添う」ことが必要とされるのは、相手に**心理的な抵抗**が起こることがあるからです。

例えば、「心の中で何かがひっかかっていて、アドバイスが素直に聞けない」「目標設定をしたのはいいけど、達成できると思えない」「行動計画を立てたけど、本当はちょっと無理があると思っている」などです。

上司や部下、先輩と後輩、親子など相手との間に上下関係があると、「相手の提案は素直に聞かなくては」という先入観から、本音が言えなくなるケースがあります。また、過去の失敗経験から行動に移すことへの恐れがあっても、なかなか言い出せないこともあります。

問題解決に向けた具体的な話と並行して、「何か心配なことはないか?」「何かハードル（壁や困難）になりそうなことはないか?」と質問しながら、「心のブレーキ」についても一緒に話をしてあげるのがいいでしょう。

「心のブレーキ」とは恐れや不安、反抗や批判などのネガティブな感情です。

心のブレーキが出てきたら、このコーヒーカップモデルの最初に戻った方がいいケースもあります。

出てきたネガティブ感情に寄り添い、この気持ちについてもう一度リレーションづくりをして、問題を把握するのです。

問題の本質を把握するには、相手の話を丁寧に聞くことが必要です。

表面的な対処で終わるのではなく、問題の本質に関わることができれば、相手との関係性はさらに深まり、それが相手を動かすことにつながります。

困難に遭遇することなく、すんなりと進むのは楽と言えば楽ですが、やっかいな**問題を一緒に乗り越えたときほど、相手との関係が深くなった**という経験はないでしょうか?

会話に流れを作り、頭と心で相手との距離感をうまく調整することで、強い絆を築くことができるのです。

感情に寄り添い、読み解いていくと大切な人への「愛」が見つかる

ネガティブ感情は、才能や本質に気づくヒントだとお伝えしましたが、ほかにも大事なことを教えてくれます。

特に親子関係やパートナーシップの課題では、「本当は存在しているのに、気がつかなかった愛」、あるいは「想像とはちょっと違った形で存在していた愛」についての学びが多いのです。

感情に関する質問や相談で多いのは、次のようなことです。

「子どもに対してつい怒ってしまう。イライラをぶつけてしまった自分も嫌になる。この怒りの感情をどうやったらコントロールできますか？」

世の中は、感情コントロールに関する情報であふれていますが、私はこのコント

ロールができなかった人間のひとりです。それなら「どうしたらいいのか」を考えてたどり着いたのが、**感情を読み解く**ということです。

感情は自然に湧いてくるもので、どうにもならない。誰しも「ちょっと言いすぎた」「そんなこと言うつもりじゃなかった」という、感情的になって失敗した経験をお持ちのことでしょう。

大人になるにつれ、ある程度はＴＰＯに合わせて自分の感情を抑えるようになると思います。しかし、家族や親密なパートナーなど、自分との距離が近ければ近いほど、気を使って自分の気持ちを抑えたり、我慢したりすることが親しさゆえに少なくなってくるものです。

だからこそぶつかることもあれば、つい感情的になることもある。

難しいからこそ、私は感情をコントロールしない方がうまくいくとお伝えしています。**感情をコントロールしないで、寄り添って、読み解くのです。**

感情は寄り添った方が、早く落ち着きます。そして、その感情がどこからくるのか読み解くことができれば、イライラから才能や本質を見出せるように、**家族や**

パートナーへの愛を見出すこともできるのです。

子どもへのイライラは愛が形を変えたもの

人間関係のこじれには、なんらかのきっかけがあり、そこにはネガティブな感情が働いています。このネガティブ感情を読み解くことで、言葉にできなかった本音を知ることができるのです。

先ほどの、子どもに怒りをぶつけてしまう例を考えてみましょう。

まず、怒りの感情を無理になくしたり、ふたをするのではなく、寄り添います。

寄り添うとは、出てきた感情を、たとえどんな感情であれ、まるで親友と会話をするかのように、受け止めて共感するということです。

「それはイライラするよね」

「怒りたくもなるよね」

と、出てきた感情をオウム返しのように、そのまま自分に語りかけます。感情はなくそうとしたり、無理にポジティブ変換しようとしたりすると、余計に大きくなります。緊張しているときに、「緊張しちゃダメ」と思うと余計に緊張するのと同じです。

感情に寄り添い、感情を読み解きましょう。

「なぜイライラするのか？」「怒りはどこからくるのか？」を考えてみましょう。

「勉強しないのがイライラする」「片づけをしないのがイライラする」、イライラの原因はいろいろあるでしょう。

次に、イライラの原因をもう少し深掘りしてみましょう。

「勉強しないと、**なぜイライラするのか？**」

「片づけをしないと、**なぜイライラするのか？**」

感情のおおもとをたどっていくと、

「将来が心配だから」

「ちゃんとした大人に育って欲しいから」

など、子どもに幸せになって欲しいという想いに、きっとつながることでしょう。

そこには**子どもに対する愛**があります。だからこそ、イライラするのです。

「愛」が形を変えて「心配」として存在していただけで、このイライラは自分の愛情からきているものなんだと思うことができれば、今まで見えていなかった視点や世界を感じられるようになり、なくしたいと思っていたイライラが、ちょっと愛おしく思えてきたりします。

パートナーとの人間関係のこじれの背景にも、**忘れてしまっていた愛、気づいていなかった愛、形を変えた愛**が存在していることがあります。

感情を読み解くことで、そうした大切なものを思い出し、気づきに変えることができるのです。

この本の前半のように嫌いな人や、どちらかというと距離を置きたい人は別として、家族やパートナー、親友など心の距離が近い人とは、深くつながりたいと思うでしょう。大切な人ほど、愛にあふれた幸せな関係を築きたいと思うものです。

心では思っていても、なかなか言葉にできないこともあります。

人間関係のこじれをきっかけに、感情を読み解くことで、心の奥にある本音や愛や幸せを見出すことができるのです。

第 6 章

本当の幸せで結ばれたい人への対処法

「信頼と愛情で深くつながり、心理的安全性のある」
幸せな距離

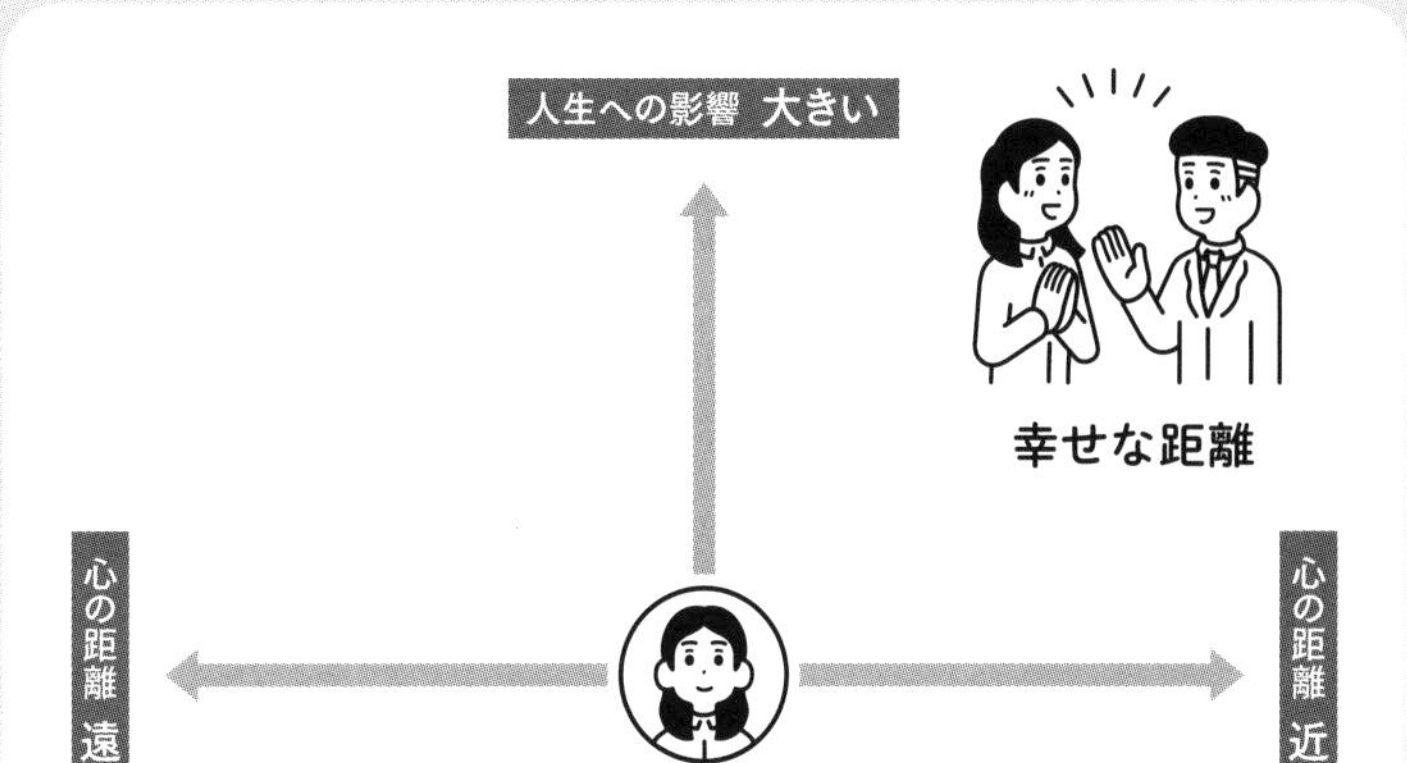

ネガティブな感情は、問題の本質を教えてくれる重要なヒント

人間関係の悩みが解消されないのは、悩みを根本的に解決できていないからです。多くのケースで表面的な対処法に終始してしまう原因は、悩みのきっかけとなる出来事が起きた際に、「そのとき感じた感情」に基づいて対処してしまうからです。

感情は変化していきます。

例えば、恋愛をイメージしてみてください。

付き合いはじめた当初、ふたりの間柄はラブラブで幸せな時間を過ごします。

そのうち、どちらかの仕事がいそがしくなったり、資格取得のための勉強時間を優先するようになったり、ふたりの共通ではない趣味の時間が増えたりして、ふたりきりで過ごす時間がどんどん減っていきます。

最初は、会えなくて「寂しい」と感じるでしょう。寂しい気持ちを抱えながらも、「彼は今、仕事がいそがしいから」「大事な試験に向けてがんばっているときだから」などと、相手の状況を想像して会えなくても仕方がないと理解しようと努力します。

それでも会えないと、寂しい気持ちは少しずつ「不安」へと変わります。「もしかしたら、会えない理由をもっともらしく作っているだけで、本当は気持ちが離れてしまったのでは?」「もしかしたら、ほかに好きな人ができたのでは?」といろいろなことを考えるようになって、不安がつのるのです。

なんとかして相手の気持ちを元に戻そうと、「私は大丈夫」と自分に言い聞かせて「理解ある人」になろうとしたり、相手の喜ぶことを必死で考えて、プレゼントを贈ったり、料理を作ったり、あれこれと手を打ちます。

がんばって行動したにもかかわらず、状況は変わりません。すると不安は「怒り」に変わります。「これだけやっているのに、どうしてわかってくれないの?」

「こんなにがんばっているのに、彼は自分のことばかり……」

最初は見返りを求めずに行動していたのに、相手から何も返ってこないことが腹立たしく思えてくるのです。

怒りの気持ちを感じながらも、「やっぱり冷静になってみよう」と自分を振り返ったり、「もっと大人の振る舞いをしよう」と反省したり……。幸せだったあの頃に戻りたいと、あれこれ手を尽くします。それでも望みが叶わないとなると、怒りは**「諦め」**へと変わります。

「愛」→「寂しい」→「不安」→「怒り」→「諦め」

このように、感情は変化していくのです。

相手との関係性がうまくいかないと、その原因は自分の伝え方が良くなかったのかもしれない……と、コミュニケーション術を学ぶかもしれません。あるいは、原因は自分が怒りの感情を感じるからだと考え、怒りをコントロールしようとするかもしれません。諦めを感じたとき、自分には価値がないのだと考え、自己肯定感を上げる方法を調べるかもしれません。

感情は変化していきましたが、もともとのスタートでは「愛」でした。「寂しい」「不安」「怒り」「諦め」といった感情は、そもそも自分が「愛されていない」と思うからこそ、感じるものなのです。

その瞬間の感情にその都度対処するだけでは、根本的な解決には至らないのです。

感情を読み解かないと、問題の本質にはせまれない

問題の本質は心の奥底に隠れています。

恋愛の例において「なぜ、愛されていないと感じるのか?」「自分が持っている『愛される基準』は何なのか?」について考えてみましょう。

愛情表現は人によって異なります。相手のために時間を使う人もいれば、プレゼントで表現する人もいます。言葉で伝える人もいれば、ハグなどの態度で示す人も

います。ふたりの間でこの表現方法が違っていると、「愛されていない」と思ってしまいます。

「自分は何がうれしいと感じるのか？」について、お互いにきちんと言葉にして伝えている人は意外と少ないものです。本当は愛されているのに、愛情表現の違いが原因で、心がすれ違ってしまうことも多々あるのです。

別の例で考えてみましょう。

心の距離を近づけたい、深くつながりたいと思ったときに、**過去の心の痛み**が反応することがあります。

例えば、子どもの頃に両親が大ゲンカしているところを見てショックを受けたり、お母さんもしくはお父さんがとても深く傷ついた場面に遭遇していたりすると、大人になってからも**心の傷**として残っているのです。

この心の傷が残ってしまったときと同じような状況に陥ったり、同じような強い感情を感じたりすると、心の傷が反応してしまいます。

つまり、原因は現在の目の前の相手ではなく、過去の心の傷によることもあるのです。
「伝え方が良くなかったので、心が傷ついた」「キツイ言い方をしてしまったので、心が傷ついた」というような、表面的なコミュニケーションが原因ではありません。
そもそも、目の前の相手が本質的な原因ではないのです。

何か出来事が起きたときに、その瞬間、感じている感情の多くはあくまでも「表面的な感情」にすぎません。
「その感情を、今なぜ感じているのか?」「その感情は、そもそもどこからきているのか?」を知ること、つまり**感情を読み解くことが大事**なのです。

特にネガティブな感情は、「問題の本質」を教えてくれる重要なヒントを与えてくれます。

感情を読み解くことが、問題を根本的に解決するカギとなるのです。

悩みの本質にたどり着く2つの質問と、悩みの本質の3つの正体

「感情を読み解く」となると、ハードルが高い、難しいと感じるかもしれません。
しかし、実はとても簡単にできるのです。

「辛い」「嫌だ」といったネガティブ感情は悪いものだと考えて、無視したり、なかったことにしたりする人はとても多いです。一時的になんとかしのいだとしても、その感情がなくなることはありません。

また、ポジティブ感情が良いものと考えて、ネガティブ感情をなんとかしてポジティブに変換しようとする方も多いのですが、真逆の方向へいきなり変えることはとても難しいのです。

困ったことが起きたり、悩んだり、苦しんだりしているときの状況は、まるでネ

ガティブ感情の底なし沼にハマってしまったようなものです。ポジティブになろうともがけばもがくほど、ズルズルとハマっていき、抜け出すのが難しくなります。

ネガティブ沼にハマったとき、まずは感情を無視せず、出てきた感情に寄り添うことです。感情に寄り添うというのは、まるで大切な親友と会話をするように、**そのままオウム返しで、自分自身の感情を受け止める**ことです。

「それは腹が立つよね」
「悲しいね」
「それは落ち込むよね」

どんな感情が出てきても、それを一旦受け止めてください。「こんなことを思ってはいけない」と感情を否定すると、二重の苦しみになってしまいます。

「親（上司）として、こんな気持ちになってはいけない」と、立場や状況に結びついた「人はこうあるべき」という気持ちや感情があるのは普通のことです。それらに反するような感情がもし出てきたとしても、そのまま寄り添ってください。

ネガティブ感情は否定するよりも、寄り添った方が早く落ち着きます。

逆に言えば、この感情が落ち着かない限りはネガティブな気持ちにとらわれてしまい、現状から抜け出す方法を考えられなくなります。

ネガティブ感情をいきなり真逆のポジティブにするのではなく、**一旦フラットな状態に戻す。**この方が結果的に、悩みを早く解決することにつながります。

感情に寄り添って心が落ち着いてきたら、自分に質問してみましょう。

質問は次のたった2つです。

質問①「なぜ?」

質問②「どこから?」

どちらかひとつの質問を選んでもいいし、両方使ってもかまいません。今感じているネガティブ感情について「なぜ感じるのか?」「その感情はどこからくるのか?」を考えてみるのです。この質問を2回か3回ほど繰り返すことで、「悩みの

本質」にたどり着くことができます。

ところで、「悩みの本質」の正体は何でしょうか？
この答えをゼロから導き出すのは難しいので、先に答えをお伝えします。
あらかじめ答えがわかっていれば、「なんとなく、これかな？」とあたりをつけやすいでしょう。

悩みの本質の正体①　才能、自分の本質
悩みの本質の正体②　制限的な考え方、過去の痛み
悩みの本質の正体③　愛

この3つは、どれか1つのときもあれば、2つが重なるときも、3つすべて当てはまるときもあります。そして何が正解かは、あなたが「なんとなく、これかな？」と感じたことが正解です。

例をあげながら説明していきましょう。

ここまでの章でお伝えしたことを振り返りながら読み進めていただくと、より理解が深まると思います。

ここでは臨場感を味わうために、セッション形式でお伝えしていきます。

実際に誰かにセッションをお願いできなくても、一人二役のように自分で自分に問いかけてみるといいでしょう。頭の中で会話をイメージするのもいいし、書いた方が考えがまとまるという人は書き出しても大丈夫です。自分がやりやすい方法で試してください。

このケースの設定は、苦手な上司がいる方からの相談です。

A「少し前に転職して、前からやりたいと思っていた仕事に就くことができたんです」
B「そうですか！　それは良かったですね！」（気持ちを想像して伝える）
A「ありがとうございます。でもいろいろ教えてくれる上司が苦手で……。パワハラとまではいかないと思うのですが、高圧的で、ちょっと怖いというか……」

B「高圧的な上司が苦手で、ちょっと怖いのですね」(気持ちのオウム返し)

A「指導というか、教育というか、自分を育てようとしているからいろいろ言ってくれているのだろうと、頭ではわかっているんです。でも、注意というか、たぶん向こうは怒っているつもりではないと思うのですが、怒られているみたいで怖いんです……」

B「育ててくれていると頭ではわかっていても、怒られているみたいで怖いんですね(気持ちのオウム返し)。どんなことが怖いのですか?」

A「上からというか、上司だからそういうものだとは思うのですが、なんか従わないといけないというか、上司の考えが正しいというか、考えに合わないと自分が間違っているというか、否定されている感じがするんです」

B「自分が否定されている感じがするのですね(気持ちのオウム返し)。なぜ否定されている感じがするのですか?」(「なぜ?」の質問1回目)

A「注意されていると、自分の力がないというか、上司の思うとおりに動けない自分がダメだと思うんです」

B「思うとおりに動けないと、なぜダメだと思うのですか？」（「なぜ？」の質問2回目）

A「相手の望みというか、期待に応えられないのは、ダメですよね」

B「相手の望みに応えられないとダメだというのは、どこからくるのですか？」（「どこから？」の質問）

A「相手の望みに応えられないと、嫌われるというか、好かれないですよね？」

この会話でわかるように「なぜ？」「どこから？」の質問をすることで、相手の心のより深い部分に触れることができます。普段の生活では、この心の深い部分について考えることはほとんどないでしょう。

しかし、「なぜ？」「どこから？」というたった2つのシンプルな質問によって、心の深い部分を明らかにできるのです。

さて、このケースの悩みの本質を考えてみましょう。

最初の悩みは、苦手な上司がいるということでした。これが表面的な悩みです。

この悩みを解決するために、多くの人が「苦手な人への対処法」というような、コミュニケーションや心理学に関する本を読んだり、YouTubeで対人関係をテーマにした動画を見たりするかもしれません。

けれども、感情を読み解いていくと**「相手の望みや期待に応えなければならない」という考えを持っていることが、悩みの本質だということがわかります。**

今回は上司との関係性の悩みだったかもしれませんが、もしここで問題の本質を解決しなければ、友達やパートナーとの間で同じようなタイプの人と、同じようなことで繰り返し悩むことになります。

表面上は上司と友達は別、上司とパートナーは別というように、まったく異なった問題に見えます。しかし表面的な対処法だけでは、同じような問題が相手を変えて何度も起きてしまうのです。

先ほどお伝えした、悩みの本質の正体を考えてみましょう。

①～③の中から、「これかな？」というあたりをつけてみてください。

なんとなく①の才能、自分の本質ではなさそうで、③の愛とも違う。となると、「制限的な考え方、過去の痛み」の②かな？　と推測できるでしょう。

「相手の期待に応えなければならない。相手の望みを叶えるべきだ」という考えを持っていると、相手の期待と自分の考えが実際と食い違うときに苦しみます。

この「〜しなければならない」「〜するべきだ」が自分が無意識に持っている、制限的な考え方です。この制限的な考え方は、**過去の痛み**からできあがったものが多く、大抵は子どもの頃の親子関係の経験の中で生じています。

他のケースをあげてみましょう。

職場のある会議での話です。

情報共有のため、各担当の業務内容や実績数字について報告がありました。

その中で実は別の担当者があげた実績なのに、さも自分の実績であるかのように発表した人がいました。会議の終了後、ふたりの社員の間でグチが始まりました。

A「ちょっと、さっきの話、何！」
B「だよね。さも自分の手柄のように発表したよね？」
A「せめて、○○さんのおかげでとか、○○さんが動いてくれたのでとか、言って欲しかったんだけど」
B「横取りがムカつく！」
A「しかも会議の場、みんなの前であの言い方、自分ひとりだけの結果じゃなくて、みんなが協力したからできたことなのに」
B「あの『全部自分がやってます』『仕事できますアピール』、最悪」

AさんとBさんの「怒りの感情」を読み解いてみましょう。

一見、同じ怒りのようでも、AさんとBさんの怒りが微妙に違うのです。

何が違うか、「なぜ？」「どこから？」の2つの質問を通じて解き明かしていきましょう。セッションのように実際に本人に聞かなくても、想像してみるだけで「なんとなく、これかな？」という点がわかってきます。

「なぜ腹が立つの?」とAさんとBさんに聞いてみたとしましょう。

Aさんの怒りのポイントは「○○さんのおかげ」「みんなが協力」など「ひとりだけでできた実績ではない」ことを否定(無視)したことです。つまり、協力や助け合いに反応しています。Bさんの怒りのポイントは「横取り」「できますアピール」などを主張したことです。つまり、成果や評価に反応しています。

同じ場面に対する怒りだったとしても、人によって怒りのポイントが違うのです。


このように、「なぜ?」「どこからくるの?」のたった2つの質問で、この微妙な違いまでつかむことができます。

このケースで悩みの本質の正体を考えてみましょう。③の愛ではなさそうだし、②の制限的な考え方、過去の痛みでもなさそうです。

すると、なんとなく①の「才能、自分の本質」かな? と推定できます。

Aさんは他者と協力し合うことを大切にし、誰かがしてくれたことに対して、感謝の気持ちを持つことができる人です。誰かが全体のために動いてくれたことにきちんと気づくことができるので、場の雰囲気を良くしたり、人を育てたりすることにも向いていると考えられます。

Bさんは成果や実績を大切にし、他者の貢献に対してきちんと評価ができる人です。プロジェクトの数値管理や進捗管理に向いていると考えられます。

このように「ネガティブな感情が、どこからきているのか？」と、感情を読み解くことで、その人が大切にしている価値観、本質、才能が見えてきます。

悩みの本質の正体が「過去の痛み」の場合、向き合うべきは人間関係がこじれてしまった相手ではなく、自分自身の内面だったことに気づくこともできます。

感情はいろいろなことを教えてくれます。

これが感情のメッセージです。

感情を読み解くことで、悩みの本質がわかり、自分が感じている感情の理由が理解できて腑《ふ》に落ちます。すると、出来事に対する意味付けが変わり、同じ出来事を違う視点から見ることができます。

ネガティブな感情こそ、人生を変えるヒントなのです。

ネガティブな感情が出てくる人の出会いが、あなたの人生を変える

まったく同じ人、まったく同じ出来事に対しても、人によって捉え方や感じ方がまったく違っていることはよくあります。また、心の中で「うれしい」「悲しい」などの同じ感情を持ったとしても、人によってその意味合いは異なるものです。

「人によって違う」ということは、「心の中で違うことが起きている」ということです。このように、**「心の中で何が起きているのか」を読み解くのが「感情リーディング®」です。**

過去に体験してまだ癒やされていない傷が反応しているときもあれば、自分の「〇〇すべき」という制限的な考え方が影響しているときもあるでしょう。感情が

変化していき、当初の感情とは別の姿で表れているときもあるでしょう。
このように、**感情は「自分の中にある何か」を示してくれている**のです。

人間関係の中で感情が動いたということは、自分の心の中の何かが反応したことを示しています。「過去と他人は変えられない」という言葉がありますが、悩みを根本的に解決するためには、相手を理解するのではなく、自分の心の奥で反応した「何か」を理解することが必要なのです。

自分の内面を深く知ることで、同じ出来事の持つ意味を変えることができます。たとえ過ぎ去った、起きてしまった出来事であっても、その意味付けを変えることは可能なのです。この意味において、**「過去は変えられる」**と私は思っています。

心の深いところまで理解し合えるからこそ、心の距離は縮まります。お互いに安心できる関係が結ばれて、信頼が生まれる。相手を許し、理解することができるからこそ、信頼を土台として「応援される存在」になる。

人と深くつながるには、感情を読み解いたうえでのコミュニケーションが必要なのです。感情が自分の内面を表していることに注目して、自分の内面への理解を深めれば深めるほど、相手と幸せな関係性を築くことができるのです。

ここでワークをやってみましょう。

お題「誰かひとり、あなたが尊敬する人、こんな人になりたいなと思う人を思い浮かべてみてください」

ワーク① その方の尊敬する部分、「こうなりたい」と思うのはどんな部分ですか？

ワーク② その方の嫌だなと思う部分、「ああはなりたくない」と思うのは、どんな部分ですか？

ワーク③ ①と②で思い浮かべた方の主語を、「私」に入れ替えてみてください。

ワーク①②の「どんな部分ですか？」というのは、前述した「なぜ？」「どこから？」の質問でいう「どこから？」です。

尊敬する気持ちはどこからくるのか？　つまりこれは「才能」に関わることです。第5章でお伝えした、自分の理想や今よりも上のステージが見えているからこそ、相手のすごさに気づくことができるのです。**相手の尊敬する部分は、自分の中にその「原石」があるからこそ、見ることができるのです。**

相手の「嫌だな」と思う部分は、大抵自分が持っているものです。それが自分の中で「許せない」と感じたり、自分自身が気にしたりしているところです。

例えば、子どもをほったらかしにして、自分の趣味や友人との遊びなどに熱中している人を見ていると、「なんて自己中心的なの」と思ったりします。

親として「子どもは最優先に考えないといけない」「子どものために、自分のことはある程度我慢するのが当然」と心の中で思っていると、目の前でそれを簡単に破っている人に対して、批判の気持ちがむくむくと湧いて出てきます。

そして心の中で、「本当は自分だって同じように自由に自分の時間を過ごしたい」「子どもを大事にしながらも、同時に自分も大切にしたい」という思いがつのると、今度は嫉妬の気持ちも出てくることでしょう。

自分が自分に対して批判しているからこそ、誰か他人を見て、感情が動くのです。

これを私は「主語入れ替えの法則」と呼んでいます。

相手に対してネガティブな感情が動いたとき、主語を入れ替えてみましょう。すると相手と同じことを自分も他人にしていたり、自分の心の中に相手と同じ考え方を持っていたりすることに気づきます。

主語を「私」に入れ替えて考えたワーク③で、相手を見たときの尊敬がどこからくるのか？　の答えは「才能」、相手の嫌だと思う部分は、「制限的な考え方」や「自分の許せない部分」「自分が自分に対して否定していること」なのです。

部下に「ダメダメだった子どもの頃の自分」を見た部長の話

私が以前、ある方から受けた相談の事例を紹介しましょう。

大手企業で部長を務めている人のお話です。どうしても仕事のできない部下がいました。仕事のやり方を伝えるために、まずは部長自らやってみせて手本を示し、部下に理解してもらったうえで、「自分でやってみて」と部下に伝えても、まったくやらないのです。勤続年数や社内での立場を考えると、本当はこの部下にもう少し責任のある仕事を任せたい。でも今の状況では心配で、プロジェクトをやり遂げて結果を出させるためには、誰かサポートを付ける必要がある。しかし誰かをサポートに付けたら、その人に頼ったりしてしまい、部下の成長は望めそうにない。

いろいろ考えて手を尽くしてはみても、状況は好転せず困っていました。

この部長さんに部下に対する感情を出してもらうと、一番は「怒り」がきました。

私　「なぜ腹が立つのですか？」(「なぜ？」の質問1回目)

部長「いろいろ教えているのに、やらないんです」

私　「何が一番、腹が立ちますか？」

部長「何が……。うーん。努力しないことです」

私　「努力しないことですね（オウム返し）。努力しないと、なぜ腹が立つのですか？」(「なぜ？」の質問2回目)

部長「努力しないと、結果は出ないですよね。結果を出すためには努力すべきなのに、その部下は努力が足りないのです」

私　「結果を出すために、努力をする。努力をするから結果が出る、そのとおりですよね。でも世の中には、努力をしないで結果を出す人もいますよね？　そういう人のことをどう思いますか？」

部長「うーん……。やっぱりイラッとします」

私　「努力をしないで結果を出すのはイラッとする（オウム返し）。結果を出すためには、努力をしなければならないと思っていませんか？」

部長「そう思っています」

私　「結果を出すためには、努力をしなければならないという考えはどこからきていますか？」（「どこから？」の質問）

部長「……」

ここで私が部長さんにお伝えしたい趣旨は、努力をしなくてもいいということではなく、**「心の中で何が反応しているのか」**ということです。

この部長さんは子どもの頃、学校の成績がとても悪くて、いつも兄弟や姉妹と比較されながら育ったそうです。小学校と中学校の成績は最悪、通知表も1や2ばかりだったそうです。しかし高校での猛勉強のおかげで、目標とするいい大学に見事合格。新卒で就職した会社で、それこそ睡眠時間を削り、他人の何倍もの必死の努力を重ねた結果、現在の部長という地位をやっとのことで手に入れたのです。

結果や成果は、血のにじむような努力のうえにこそ成り立つ。部長さんはそう思っているので、部下にもその血のにじむような努力を求めるようになります。「結果は努力をしないと出ない」と思っているので、努力をしない部下を信頼することはできません。

ここで部長さんは「あること」に気がつきます。

この仕事ができない部下は、子どもの頃の自分に似ていたのです。

「そういえば、『他の部下にはそうでもないのに、あの人には厳しいですよね』と言われたことがあります。他の部下が同じようなことをしても、なんとも思わなくても、その部下がするとイラッとすることがあります」

その部下を見ていると、自分では意識していなくても「過去の自分」を見ているようで腹が立つ。自分は必死に努力をして抜け出したのに、この部下は努力しない。部下に対して無意識のうちに、子どもの頃の自分を重ねていたのです。

部長さんにとって、自分の子どもの頃の記憶は、忘れたいくらい嫌なことです。忘れたいくらい嫌なことが、目の前にこの部下という形をとってよみがえり、過去のダメダメだった自分と同じようなことをしているわけです。

部下に子どもの頃の自分を重ねていたことに気づいた部長さんは、自分と向き合いました。過去の癒やされていなかった心の傷に気がついたことで、その傷を癒やすことができました。

すると、その部下にかける言葉がまるで変わりました。

これまでは心のどこかに、「どうせできないだろう」という気持ちがあって、それが言葉や態度に出てしまっていました。少しトゲがあったり、厳しい言葉になっていたりしたのです。でも「信頼してみよう」という気持ちになると、言葉も自然に柔らかくなって、態度も相手を信じるものへと変わりました。相手の部下もそれを感じ取ったのか、少しずつ前向きな発言が増えてきたそうです。そのうち「少し任せてみよう」という気持ちになって、思い切って仕事を任せてみたそうです。

数か月後、部長さんから「部下が、やりました！」という報告がありました。少し重要なプロジェクトを任せてみたら、部下は見事にやり切ったのです。それで本人もすっかり自信がついて、前向きに努力するようになり、次のさらに大きなプロジェクトに向けて、やる気をみなぎらせているそうです。

ネガティブ感情からギフトを受け取ろう

部下を育成するためのマネジメントやコミュニケーション手法（声かけなど）について、いわゆるテクニック・レベルのものは世の中にたくさん出回っています。いくら頭で理解しているつもりでも、いざ実践となるとなぜかできない、うまくいかないのはなぜでしょうか。それは心の奥深くで、「何か」が抵抗をしているからなのです。

「わかる」と「できる」は違う。「できる」と「腑に落ちる」は違う。

感情を読み解いて、「自分の心の奥深くで、何が起きているのか？」を理解することで、「なぜうまくいかなかったのか」が腑に落ちます。

腑に落ちると、今度は考え方や視点が変わってきます。すると言葉や態度が変わり、コミュニケーションが変わり、相手との関係性に変化が生まれるのです。

「ネガティブな感情が動く」＝「自分の内面で何かが反応している」ということ。

ネガティブ感情こそ、課題の本質に気づかせてくれる、大切なヒントなのです。

深い部分に気づくことができるからこそ、未来を大きく変えることにつながるのです。

ということは、ネガティブな感情が出てくるきっかけになった相手こそ、あなたの人生を変えてくれる「ギフトパーソン」なのです。

第2章の「嫌な人」は、もしかしたらあなたの人生に新しい展開を与えてくれる人なのかもしれません。

この嫌な人を、距離を置いたままでやり過ごすのか、人生を新たに進めるきっかけにするのかは、あなたが自分で決めることができます。

自分の心が傷ついて辛いときは、無理に向き合う必要もありません。相手と距離を置いた方がいい時期もあります。

しかし時間の経過とともに少し心の余裕が生まれたときや、課題を根本から解決したいとき、自分の人生を思い切って変えたいときは、感情を読み解いてみてください。

本書で心の距離をマトリックス別にして解説してきたのは、相手との心の距離感をあなた自身が自由自在に操って、**「あなたの好きな距離感」**をつくって欲しいからです。

距離を置きたい人のために、自分が努力したくないのならそれでいい。

自分と向き合うことは、過去の心の痛みを思い出すことにもなり、それはときに耐えがたい辛さをもたらします。

でも、特に自分にとって大切な相手と深くつながりたいのなら、自分の心の本質を知ることが欠かせません。その本質を相手と共有し、共感し合うことが幸せな関係性をつくるのです。

「過去の傷ついた苦しい経験を思い出したくない」という方もいらっしゃいます。それは心が、ネガティブなことを思い出すところで止まっているからです。ネガティブな感情は、あなたの才能や本質、愛を教えてくれます。そして過去の痛みに向き合い、知ることで、その痛みを癒やすことができるのです。

「ネガティブ感情はギフト」、私がいつもクライアントさんにお伝えしていることです。

ネガティブをネガティブで終わらせていると、ただ辛いだけです。

感情を読み解くことで、ネガティブ感情からギフトを受け取ってください。

「必ず当たる」とわかっている宝くじがあれば、きっと買うことでしょう。それと同じように、**ネガティブ感情には必ずギフトがあります。**

「必ずギフトがある」とわかっていれば、ネガティブはもうネガティブではなくなります。今度はそれを感謝に変えることができるのです。

「自分と向き合う」とは、ネガティブをネガティブのまま終わらせて、辛い思いをすることではありません。

ネガティブから「自分にとってのメリット」を見つけて、それを受け取ることなのです。

大切な人との関係のこじれは、一緒に課題を乗り越えるタイミング

距離を置きたいと思う相手がいる一方で、大切にしたい、深くつながりたいと思う相手もいることでしょう。

親友や恋人、家族や夫婦、ビジネスパートナーなど、心の距離が近い一方で、ときにはケンカをしたり、すれ違いが起きたり、お互いの考え方や価値観のズレが原因で気まずくなってしまったりすることもあるでしょう。

「ネガティブ感情が動く」ということは、「自分の中の何かが反応している」ことだとお伝えしてきました。つまり、**人間関係は「自分の内面の表れ」**とも言えるわけです。

この内面がよりダイレクトにはっきり現れるのが、**関係の近い人**です。

仕事上だけの付き合いの人や、仲があまり良くない人には、ある程度我慢をした

り、TPOに応じた当たり障りのない振る舞いをしたりするでしょう。

一方で関係の近い人、心の距離が近くて心を許している人ほど、本音や本来の自分をさらけ出す機会が多いので、自分の内面も出やすくなるのです。


不思議なことに、心の距離が近い人と人間関係のこじれが起きる場合、自分とその人は**「同じ痛み」「同じ悩み」**を持っていることがしばしばあるのです。悩みを課題と捉えるのなら、自分自身が成長していくために**「同じ課題に一緒に取り組む人」**だということです。


私は何十年も相手に合わせる人生を生きてきました。

「何を食べたい?」と聞かれれば、「あなたの食べたいもの」、「どこに行きたい?」と聞かれれば、「あなたの行きたいところ」と答えていたのです。

それは恋愛でも同じでした。相手が「ショートカットが好き」と言えば、髪を切り、「ロングが好み」と言えば、髪を伸ばしました。孤独を何よりも恐れていて、相手に好かれることに必死でした。それで、相手が望むことをしていたのです。

当時付き合っていた相手は、「自分はこうしたい」「相手にはこうして欲しい」とハッキリと意思表示する人でした。相手に合わせる私にとって、要望や好みをいろいろ言ってくれる人の方が合っていたのです。

さて、相手の主張が自分のそれと合っているときはなんら問題がないのですが、相手が求めることと、自分の気持ちが異なるとき、とたんに困ってしまいます。

「相手に合わせること」が自己犠牲になってしまい、だんだん辛くなってきます。

それでも相手から嫌われるのが怖くて、自分の価値と存在意義を相手に合わせ、相手の望みどおりに行動し、相手に好かれようと必死に努めて自分を保っていました。

一方、相手はと言えば、「ハラスメントやマウンティングする人ほど弱い人」と言われるとおり、私に対して高圧的な態度を取り、私を**コントロールして、自分の思いどおりに動かす**ことで、自分の価値と存在意義を必死に保っていたのです。

このようなふたりの間では、人間関係のこじれが起こります。

最初はうまくいっていたとしても、だんだんと無理が出てきて、関係が冷めてくる。なんとか改善しようと言い方や伝え方を変えてみても、状況は一向に良くならないのです。

「同じ痛み」を持つ人との出会いの意味

悩みの本質は、**「自分自身の価値や存在意義」**に関わるものです。

「自己犠牲」と「コントロール」では、表面的には真逆のことが起きているように見えます。しかし、両者が抱えている課題は、根本的には同じものなのです。それは、次のような課題です。

「自分には価値がない」「孤独への恐れ」

ふたりとも心の底で、共通の課題を持っているのです。

そうしたふたりの間で関係がこじれたとき、**実は共通の課題を一緒に解決するために出会うべくして出会った、ある意味で「運命の人」だったといえるのです。**

「自分には価値がない」という気持ちは、どこからきているのか？　孤独に対する恐れが、どこからきているのか？　自分と向き合い、内面で何が起きているのかを読み解き、お互いにシェアすることで、同じ痛みを持っていることに気づくのです。

ひとりだと、心の痛みに向き合うことは辛い。ひとりだと、がんばれない。

距離を置きたい相手ではなく、大切な人や深くつながりたい人との人間関係のこじれは、**心の奥深くにある「乗り越えた方がいい何か」を一緒に乗り越え成長し合える相手と、一緒に取り組むタイミングが来た**ということを教えてくれているのです。

ひとりでは難しいけれども、ふたりならできる。

ケンカをしたとき、関係がこじれたときは、相手を嫌いになったり、憎んだりすることもあるでしょう。しかし、「同じ課題を解決するために出会った人なんだ」と思えれば、この憎い人は、ふたりに共通する課題を一緒に乗り越えるきっかけを作ってくれた「運命の人」だと捉え直すことができます。

きっかけは、ネガティブな出来事だったかもしれません。しかし、相手は**「嫌われ役」**をあえて引き受けてくれたと考えてみてはどうでしょう。

すると視点がガラリと変わり、新たな世界が見えてくるでしょう。

相手への「憎しみ」が「感謝」に変わる瞬間が訪れるのです。

自己犠牲もコントロールもない、深掘り感情コミュニケーション

コミュニケーションの方法のひとつに、「アイ（I＝私）メッセージ」があります。「こうして欲しい」「こうしないで欲しい」ということを、「私」を主語にして、「私がどう感じるか」という表現によって相手に伝えます。

例えば、次のような伝え方です。

「あなたがそういう言い方をすると、**私はとても悲しい**」

職場での会話を例にしてみましょう。

職場の上司や先輩、ビジネスパートナーを誰かひとりイメージしてみてください。

その人から、次のように言われました。

「あなたが、この仕事をがんばってくれると、**私はとてもうれしい**」

さて、あなたは今どんな気持ちになったでしょうか？

自分もうれしくなって、「よし！　がんばろう！」とポジティブな気持ちになったでしょうか。

それとも、「はぁ？　あなたがどう思おうと勝手だし、自分には関係ない。そもそも私はあなたを喜ばせるために仕事をしているわけじゃない。ふざけるな！」とやる気をなくして、ネガティブな気持ちになったでしょうか。

まったく同じことを言われているのに、相手が真逆の感情を感じるケースがあります。

アイメッセージのコミュニケーションが効果的だと知り、さっそく試してみると、相手が素直に受け取ってうまくいくときと、相手が逆ギレしてしまってうまくいかない、ひどい場合は関係を逆に悪化させてしまうときもあるのです。

「感情をコントロールしたい」と思うのは、感情を出すことがマイナスに働くことがあるということを、多くの人が経験的に知っているからだと思います。

それでは感情を一切出さない方がいいのでしょうか。それでは人間ではなく機械のようで、それこそＡＩで代用されてしまう世界です。気持ちは言葉にしないと伝わりません。

「出してはいけない感情」と「出してもいい感情」がある

感情には「出してはいけない感情」と「出してもいい感情」があります。

相手と深くつながり、幸せな人間関係を築くためには、感情を伝えることはとても大事なことです。

しかしその感情の出し方には、ちょっとしたコツが必要なのです。

出してはいけない感情

何か出来事が起きて、**とっさに出てきたネガティブな感情は出してはいけない感情です。**

機嫌が悪い人が、職場で怒鳴ったり、誰かに当たり散らしたりしたら、周りの人たちも嫌な気持ちになるでしょう。家庭で子どもについ「イラッ」として怒ってしまったときは、「大人げなかった」と反省するのではないでしょうか。

「うれしい」とか「感謝している」などの、とっさのポジティブな感情はどんどん出してもいいのです。しかし、ネガティブな感情は出さない方がいいのです。

とっさの感情を抑えるために、「深呼吸をする」とか「その場を離れる」などの方法がよく紹介されています。とはいえそこは人間ですから、ついネガティブ感情を出してしまって「ハッ」と我に返ったり、「本当はそんなことは思っていないのに、つい言ってしまった」というような経験は誰でもお持ちでしょう。

そんなときは、素直に謝るのが一番です。

「最近いそがしくて余裕がなくて、ついキツイ言葉になってしまってごめんね」
「ちょっと疲れていて、感情的になってしまってごめんね」

出してはいけない感情を出してしまった背景には、何かそれなりの理由があったのだと思います。その背景（いそがしかった、余裕がなかった、職場でトラブルがあってイライラしてた）を一緒に伝えると、相手に気持ちが明確に伝わります。

出してもいい感情

ネガティブな感情には種類があります。

ひとつ目は、ひと晩寝て次の日に起きてみたら、すっかり忘れているような感情です。先ほどお伝えしたような、どちらかというととっさの感情が該当し、これらは出さない方がいい感情です。その場、その瞬間の対処法でなんとか抑えられます。

ふたつ目は、何日も引きずるような感情です。

例えば、あなたが歩いているときに、ぶつかってきた人がいたとしましょう。その瞬間は「何、あの人！」「痛いんだけど！」と怒りや非難の感情が湧いてくると思います。誰かにグチって、次の日には忘れているかもしれません。

しかし、このぶつかってきた人に対するネガティブな感情を、何日も引きずるケースもあるでしょう。人によって異なりますので、どの感情がというよりも、自分にとって引きずるか、引きずらないかで考えていただけたらと思います。

この「引きずる感情」こそ、出した方がいい感情なのです。

しかし、感情を出すときにそのまま出すのではなく、**「深掘り感情をシェアする」**のが、大切なコツなのです。

「深掘り感情」とは、前述した「なぜ？」「どこから？」の質問によって「なぜその感情を感じるのか？」「その感情はどこからくるのか？」を深掘りした結果の気持ちのことです。

もしあなたが、何日も引きずる感情を抱えていたとしたら、そこにはなんらかの理由があるはずです。誰かに出してしまう前に、自分の感情を知ってください。

毎日仕事でいそがしい、共働き夫婦を例に説明しましょう。

この夫婦は次の夏休みに、子どもを喜ばせる目的でどこかに出かけようと計画しています。

普段はとてもいそがしくて、たまの休みくらいゆっくり過ごしたい。けれども子どもには喜んでもらいたいし、休みの日に出かけることを子どもたちも楽しみにしているから、どこかには連れて行ってあげたい。

そこで夫は「無理せずに、近場の公園でゆっくり過ごそう」と考えました。

一方、妻は「夏休みの連休くらい、旅行とか普段なかなか行けないところに連れて行ってあげたい」と考えます。

すると、夫婦の会話にすれ違いが起きてしまいました。

夫「家族みんなでゆっくり過ごそう。近場でも十分楽しめる場所はあるよ」
妻「そこは普段でも行けるでしょう。せっかくの夏休みなのだから、いつもは行けないところに行った方がいいでしょ」

このようなケースでは、「公園」対「旅行」の論争が勃発します。

自分の主張がどれだけ正しいかをめぐる闘いです。

夫は公園がいかにふさわしいか、普段どれだけ疲れているかなどを論理的に説明します。妻は旅行がいかに楽しいか、夏休みの旅行体験がどれだけ特別な機会かなどについて、感情に訴えかけていきます。

もしこの夫婦の力関係に強弱がある場合は、どちらか強い方の意見に弱い方が従うことになるでしょう。その際、弱い方が常に自分の考えや気持ちを押し殺しているので、積み重なった我慢が限界に達したときに、爆発してしまいます。

どちらかが折れない場合は、話し合いで解決することもあるでしょう。

今回は夫の案にして、次の冬休みは妻の案という「折衷案《せっちゅう》」に落ち着くのです。

この折衷案が最善の解決法かと思いきや、お互いにどこかで我慢した部分が恨みや不満として心に残ります。すると爆発とまではいかなくても、例えば次の冬休みや春休み、あるいは数か月か数年後に「あのときは私が譲ったんだから、次はあなたが譲ってよ！」と、潜伏していた怒りが表面化するのです。

これは典型的なコントロールと自己犠牲のコミュニケーションです。

一方がコントロールしている場合、相手には我慢という自己犠牲がともないます。

真の解決はできていないので、後日感情が爆発したり、後で同じようなことが何回も繰り返されたりするのです。

「自分が正しい、相手も正しい」が実現する

本当に幸せな関係とは、自己犠牲もコントロールもない関係です。

どんな人との間にも、価値観や考え方の違いは必ず生じます。

この**「違いがあるまま」**で、**お互いの違いを理解し合って、尊重する。**

それこそが幸せの本質なのです。

真の幸せコミュニケーションは、「出してもいい感情」を相手とシェアすること。
これを私は**「深掘り感情コミュニケーション」**と呼んでいます。

相手と話し合う前に、まずは自分自身の感情を深掘りしていきます。

先ほどの夫婦の例を思い出してみてください。

コントロールと自己犠牲のコミュニケーションでは、「自分の正しさ」を競うことになりがちです。「自分が正しい」＝「相手が間違っている」という構造になってしまうからです。

そこでまず、妻の感情を深掘りしてみましょう。

「いつもは行けない場所に行きたいのは、なぜ？」（「なぜ？」の質問1回目）

←

「通常の土日ではなく、夏休みは特別だから」

←

「夏休みは特別というのは、どこからくるの？」（「どこから？」の質問1回目）

←

「夏休みは子どもにとって、一生忘れられない思い出をつくる大切なときだから」

深掘りをしていくと、「子どもが大人になっても覚えているような、家族の大切な思い出を残してあげたい」という、妻の愛情があることがわかりました。

次に、夫の感情を深掘りしてみましょう。

「ゆっくり過ごしたいのはなぜ？」（「なぜ？」の質問2回目）

←
「自分も妻も疲れているから、無理をしない方がいい」
←
「無理をしない方がいいというのは、どこからくるの？」（「どこから？」の質問2回目）
←
「疲れているのに無理しても、きっと楽しめないから」

深掘りをしていくと、夫婦の体調を思いやりながらも、みんなが楽しめる時間にしたいという夫の愛情があることがわかりました。

この例では理解しやすくするために、妻と夫の両方の深掘りをしました。

実際の日常では深掘りするのは自分の感情で、相手の感情は想像することになるでしょう。

感情を深掘りすると、**自分が「本当は何を大切にしているのか」**に気づくことができます。
この夫婦の例でいうと、子どもや家族への愛情に気づくことができれば、話し合うべきは「どこへ行くか？」という場所の問題ではなくて、もっと大切な問題があることに理解が及ぶのです。

このように**深掘りした感情は、出してもいい感情です。**

むしろ、出した方がいい感情というべきでしょう。

「夏休みは、子どもにとって特別で、私は大人になっても忘れずに心に残っているような、素敵な思い出をつくってあげたいと思っているの」

深掘りした感情を、アイメッセージで伝えると、自分の本当に大切なことや深い部分を相手とシェアすることができます。

自分の中にある深い感情を相手に伝えることは、ときに勇気がいることです。しかし思い切って伝えるからこそ、お互いに、本質を理解し合えるのです。

「自分が正しい、相手が間違っている」ではなく、深掘り感情コミュニケーションでは「自分が正しい、相手も正しい」が実現します。

相手の本質を理解できていると、「なぜ、そんなことを言うのか？」「なぜ、そんな態度を取るのか？」がわかるのです。

深掘り感情コミュニケーションを実践すると、夫婦の会話は違ったものに変化します。

「子どもに、特別な思い出をつくってあげたい」

「無理せず、お互いを大切にしながら、心から楽しめるような時間にしたい」

夫も妻も、根本にあるお互いの大切にしている価値観や考え方を理解し合うことができれば、子どもや家族に対する愛情が、ふたりともあることに気づきます。

すると「公園か、旅行か」ではない、第三の選択肢が出てくるのです。

もしかしたら、「子どもと一緒に考えてみよう」という展開が待っているかもしれません。

夫がA案、妻がB案だとすると、「A案かB案か？」ではなく、深掘り感情コミュニケーションでわかった本質をふまえて、C案やD案、E案のように、まったく別の新しい選択肢が生まれてくるのです。

相手に喜びを与え、相手からも喜びが得られる

この深掘り感情コミュニケーションは夫婦の間だけでなく、友達や職場の人間関係など、すべての人間関係に有効です。

感情が動くからこそ、人は動く。

あなたが感動したテレビドラマを思い出してみてください。

経営危機に陥っていた会社が、ピンチを乗り越えるときに部下に伝えた社長の言葉、すれ違ってしまった恋人たちが、再び愛を取り戻すきっかけになった心に響くひと言。

こうした相手の心を揺さぶる言葉は、自分自身を振り返り、自分と向き合い、自分の内側にある感情を深掘りしたうえで、勇気を奮って絞り出すからこそ生まれた

ものです。

これは決して、ドラマの中に限った話ではありません。

自分の中にある、深い感情をシェアするからこそ、相手の深い部分に届く。

相手が深い部分の本質を話してくれたからこそ、自分も心を開いて、本音を話そうという気持ちになる。

言葉にしてはじめて、**「そんなふうに考えていたのか」「その言葉には、こんな意味が込められていたのか」**ということに気づきます。

相手の本心を知ることができると、心の距離は縮まり、深いところでつながることができます。

同時に相手の本質を理解でき、自分の本質を理解してもらえるので、相手が何をしたら嫌なのか、何をしたら喜んでくれるのか、大切にしたいことや譲れないことは何なのかがわかります。

「相手が本当に喜ぶこと」を自分がしてあげることができて、**「自分が本当にして欲しいこと」**を相手が与えてくれるのです。

表面的なコミュニケーション・テクニックを使うだけでは、人間関係が一向に改善しない、深まらない理由がおわかりいただけたのではないでしょうか。

それは「自分と相手の心の深い部分への理解」という最も大切なプロセスが丸ごと落ちてしまっているからです。

コントロールも自己犠牲もなく、お互いに深くわかり合える。

これこそが幸せの本質です。

「深掘り感情コミュニケーション」を実践して、本当に幸せな人間関係を手にしてください。

「相手との心の距離感をどうしたいか」はあなた自身が決めていいのです。

あなたは、相手との距離感を自由自在に変えたり、保ったりできるでしょう。

本書では、「心の距離別マトリックス」にのっとったコミュニケーションをお伝えしてきました。

この第6章の内容、「深掘り感情コミュニケーション」が腑に落ちれば、前半の第2章や第3章に出てきたような、距離を置きたい人、ほどほどの距離でいい人に対して、「少しずつ向き合ってみようかな」という気持ちに変わってくると思います。

ネガティブな感情から「ギフト」を受け取ることができれば、感情に振り回される機会が減ってくることでしょう。

感情を読み解き、感情からのメッセージを受け取ることができれば、ネガティブな感情は感謝などのポジティブな感情へと自然に変わっていきます。

喜びや幸せ、感謝の感情が増えていくと、「心の器《うつわ》」が広くなります。

人望も厚くなって、あなたを応援してくれる人も増えていきます。

感情を読み解くことで、幸せな人間関係を築き、ぜひ、真の幸せと豊かさを手に入れてください。

おわりに

最後まで読んでいただいて、本当にありがとうございます。

私自身も、人間関係にはとても悩んで苦労した経験があります。
「どうやったら、この苦しみから抜け出せるだろう？」
どん底にいるときに助けてくれたのは、いつも私を理解してくれる友達や恋人、メンターでした。人間関係の悩みを助けてくれるのは、やっぱり「人」なのです。

本書の出版にあたり、たくさんの方々に助言やサポートをいただきました。お一人おひとり、そのお名前をあげていくととても書ききれないほどなので差し控えますが、関わっていただいたすべての方々に心から御礼申し上げます。

人間関係が良好であれば、毎日を楽しく過ごすことができます。関わる人たちとの良好な関係性は信頼を生み出し、豊かな人脈やとっておきの情報、うれしいチャンスをあなたにもたらしてくれます。

大切な人と深くつながることができれば、心が満たされて、幸福感を感じられることでしょう。そうして「心の余裕」ができると、誰かに優しくすることにもつながり、幸せがますます広がっていきます。


本書は、人間関係のいろいろな場面をイメージしながら、「この文章の表現で、みなさんに伝わるかな？」「ここで疑問が出てこないかな？」などと読者の方々と会話をするような気持ちで執筆していきました。

「読者の方々との『心の距離』が少しずつ縮まってくれたらいいな」という私の願いが本書には込められています。


世の中にたくさんの本がある中で、1冊の本との出会いはかけがえのないご縁だと思っています。

「たまたま書店で目にしたから」「たまたま誰かから勧められたから」「たまたまS

NSで見かけたから」……。そんな「たまたま」という偶然から手にした本が、ときに人生を大きく変えてくれることもあるのです。

この本であなたと出会えたことに、心から感謝しています。

本書をきっかけに、あなたの心が軽やかになり、幸せで豊かな人生へ歩みを進めていただけたら、著者にとってこんなにうれしいことはありません。

このご縁をきっかけに、またどこかのタイミングであなたと再会できることを楽しみにしています。

神谷　海帆

感情《かんじょう》のメッセージに気《き》づくと、
人間関係《にんげんかんけい》はうまくいく

著　者——神谷海帆（かみや・みほ）

発行者——押鐘太陽

発行所——株式会社三笠書房

〒102-0072 東京都千代田区飯田橋3-3-1
電話：(03)5226-5734（営業部）
：(03)5226-5731（編集部）
https://www.mikasashobo.co.jp

印　刷——誠宏印刷

製　本——若林製本工場

ISBN978-4-8379-2994-9 C0030

＊落丁・乱丁本は当社営業部宛にお送りください。お取替えいたします。
＊定価・発行日はカバーに表示してあります。